JOSÉ HELDER DE SOUZA ANDRADE
SYLVIO BEHRING

GPCI

GERENCIAMENTO PROGRESSIVO DE COMPORTAMENTO INCONVENIENTE

CB040480

EDITORA
CIÊNCIA MODERNA

FICHA CATALOGRÁFICA

ANDRADE, José Helder de Souza; BEHRING, Sylvio da Matta.

Gerenciamento Progressivo de Comportamento Inconveniente – 2ª Edição

Rio de Janeiro: Editora Ciência Moderna Ltda., 2016.

1. Segurança pessoal – Política. 2. Segurança pública.
I — Título

ISBN: 978-85-399-0755-7

CDD 323.43
363.3

Editora Ciência Moderna Ltda.
R. Alice Figueiredo, 46 – Riachuelo
Rio de Janeiro, RJ – Brasil   CEP: 20.950-150
Tel: (21) 2201-6662/ Fax: (21) 2201-6896
E-MAIL: LCM@LCM.COM.BR
WWW.LCM.COM.BR

APRESENTAÇÃO

Filho,

Há muito tempo escrevi algo sobre a violência. Estava incomodado com o desequilíbrio na conduta de praticantes de artes marciais. A banalização do sistema na prática de lutas deformou o conteúdo e a imagem do processo educativo.

Sem qualquer conhecimento elementar a truculência passou a ser uma constante em todos os segmentos da sociedade. Na área da segurança ficou ainda mais evidenciado o despreparo dos profissionais, principalmente no que tange o equilíbrio emocional e de conduta. O "poder" estava na força individual e coletiva.

Na mesma proporção a liderança em academias de lutas era imposta pelo mais forte. Esse comportamento refletia atitudes de extrema agressividade. Permanentes conflitos ocorriam e as "lutas" passaram a ser o foco jornalístico da marginalidade.

Como reflexo, novas gerações eram impedidas pelos pais de frequentar tais ambientes; contudo, uma guinada voltada para a esportividade, através de competições, arrefeceram os ânimos.

Apesar de descaracterizada como arte marcial cada disciplina ganhou adesões no que tange à prática voltada para a competição. Todos esses aspectos mostram a profunda necessidade da adoção da consciência educacional no que tange o equilíbrio emocional e o gerenciamento de comportamento inconveniente. O conhecimento de formas técnicas de "alto defesa" permite alcançar, com maior ajuste, a dosagem entre a postura, o comportamento e a relação interpessoal.

O trabalho expresso neste livro está voltado para uma progressiva transformação no comportamento em relação a agressividade de ambos os lados, assim, convencido da sua importância, uma leitura com profundidade permitirá extrair desse contexto aplicações práticas. Penetre no livro e desfrute.

GM Flavio Behring

Este livro, Gerenciamento Progressivo de Comportamento Inconveniente (GPCI), é necessário para a formação dos futuros Profissionais de Segurança, pois, apresenta uma nova proposta.

No passado, a forma de abordagem era mais intimidadora, pois, a sua preparação tinha esse objetivo; essa forma de abordagem, na maioria das vezes, não resolvia o conflito e sim os complicava ainda mais.

A proposta dos autores, Professor Helder Andrade e Mestre Sylvio Behring, contribuiu para uma quebra de paradigmas no segmento, pois, com uma nova visão, introduziram uma Defesa Pessoal Específica; Melhor Verbalização; Conceitos Básicos de Segurança; Filosofias de Artes Marciais e também alguns ensinamentos, extraídos do célebre Livro "A Arte Guerra" de Sun Tzu, na preparação do homem em situações de "combate".

Desta forma, eles aprendem como ser forte, como adquirir um melhor posicionamento, como ser superior sem arrogância e, ainda, ser um diplomata. Com isso, os futuros Profissionais de Segurança sairão com uma melhor "Formação", tornar-se-ão mais seguros, confiantes e conscientes das suas responsabilidades. Este livro com certeza trará um "novo conceito" para este novo Profissional de Segurança.

Parabéns!

GM Alvaro Barreto

Sumário

INTRODUÇÃO

MAHATMA GANDHI DIZIA: "A NÃO - VIOLÊNCIA NUNCA DEVE SER USADA COMO UM ESCUDO PARA A COVARDIA; É UMA ARMA PARA OS BRAVOS". ASSIM, COM ESTE PENSAMENTO FILOSÓFICO, **"UMA ARMA PARA OS BRAVOS"**, É QUE DEVEMOS DESENVOLVER O **"GERENCIAMENTO PROGRESSIVO DE COMPORTAMENTO INCONVENIENTE - GPCI"**.

Parábola do Rato

Diz uma antiga fábula que um rato vivia angustiado com medo do gato. Uma fada teve pena dele e o transformou em gato. Mas aí ele ficou com medo do cão, por isso a fada

> *o transformou num forte Pit-Bull. Então, ele ficou com muito medo da onça e a fada o transformou num enorme leão. Foi quando ele se encheu de medo do caçador. A fada já irritada, o transformou num homem; mas aí ele ficou com medo do camundongo. Desta vez, de "saco cheio", irada, estressada e furiosa, a fada desistiu. Transformou-o num camundongo e disse: "Nada que eu faça por você vai ajudá-lo, porque você tem a coragem de um camundongo".*

Trata-se de uma analogia; é óbvio que estamos falando de comportamento humano. Coragem é um atributo necessário para gerenciarmos o comportamento inconveniente de pessoas indignadas, estressadas e com raiva. Mas saiba que coragem não é a ausência do medo, e sim a capacidade de avançar apesar do medo. É preciso coragem para enfrentar os desafios existentes nas relações humanas; portanto, não é uma tarefa fácil, assim, é necessário sabermos que Equilíbrio Emocional e Qualidade Comportamental são Necessidades Estratégicas para quem se relaciona com seres humanos e, principalmente, para os que se propõem a gerenciar os seus comportamentos inconvenientes; desta forma, devemos comprometidamente, buscá-las e desenvolvê-las. O grande segredo é o treinamento; isso mesmo, "treinamento"; insistência, persistência, exaustão no treinamento. Precisamos no dia-a-dia treinar, exaustivamente, nossas emoções que geram os mais variados tipos de comportamento. Somos o que repetidamente fazemos, já dizia Aristóteles; a excelência, portanto, não é um feito, mas um hábito.

Nosso objetivo é, juntos, estudarmos e aprendermos a gerenciar progressivamente, o comportamento de pessoas que por algum motivo encontram-se estressadas e furiosas. Sabemos que relacionar-se com seres humanos é complexo, lidar com pessoas é extremamente difícil; conscientes desta dificuldade é necessário que tenhamos "um certo cuidado" e vigiemos as nossas atitudes, palavras e linhas de ação, ininterruptamente, dia após dia.

Vigiar é se relacionar; relacionar-se é um dom de Deus, e todo "dom" precisa ser desenvolvido. Seres humanos que não se relacionam se isolam, e quando nos isolamos nos tornamos vulneráveis. Vejam que interessante, uma pessoa vulnerável é aquela suscetível de ser ferida, ofendida. O sinônimo de vulnerável é derrotável; percebam que ninguém gosta de pessoas com este perfil, consequentemente, se afastam e as deixam isoladas.

Nós, seres humanos, não somos apenas corpo, também não somos apenas espírito, somos "corpo e alma"; assim, quando comprometidamente trabalhamos nosso corpo, de alguma forma, Deus trabalha nosso caráter, nossa personalidade. Tornamo-nos seres humanos "melhores", não melhores do que os outros, mas melhores para os outros, mais equilibrados emocionalmente e com uma qualidade de comportamento facilmente percebida por todos aqueles que convivem conosco; enfim, tornamo-nos mais **"espiritualizados"**; consequentemente, gerenciamos o comportamento inconveniente dessas pessoas descompensadas com mais habilidade e simplicidade.

A **Declaração Universal dos Direitos Humanos (DU-DH)** é um dos documentos básicos das Nações Unidas e foi assinada em 1948. Nela, são enumerados os direitos que todos os seres humanos possuem.

O artigo 3º da Declaração Universal dos Direitos Humanos de 1948, diz que **"Todo ser humano tem direito à vida, à liberdade e à segurança pessoal"**. Percebam que é um direito fundamental das pessoas e de acentuada importância, pois é o núcleo de todo esse trabalho sobre "Gerenciamento Progressivo de Comportamento Inconveniente - GPCI".

O artigo 5º diz que **"Ninguém será submetido à tortura nem a tratamento ou castigo cruel, desumano ou degradante"**. Este artigo nos leva a seguinte reflexão:
....
"Que resultados podemos esperar de pessoas despreparadas, desequilibradas emocionalmente e sem qualidade de comportamento?";
....
"O que fazer diante de uma pessoa com comportamento inconveniente?";
....
"Como agir se essa pessoa for agressiva, arrogante e prepotente?";
....
"Quais as consequências de uma abordagem errada?"

"Quais as consequências de um gerenciamento mal conduzido?"

Nas entrelinhas, está implícito que Seres Humanos despreparados e desequilibrados emocionalmente, podem causar muito sofrimento às pessoas; podem submetê-las a castigos, físicos e psicológicos, absolutamente desnecessários; levando-as inclusive à morte. Alguém duvida? Certamente o "feedback de compensação" também é uma verdade, ou seja, os despreparados e desequilibrados emocionalmente também sofrerão, de uma forma ou de outra, as consequências dos seus atos. Portanto, trataremos deste assunto analisando as inúmeras possibilidades de gerenciarmos o comportamento inconveniente de pessoas com raiva e estressadas. Usaremos toda a nossa experiência e conhecimento técnico adquirido ao longo dos anos, com o máximo de responsabilidade, para tentar esclarecer todas as dúvidas porventura existentes. Todos nós, se não vigiarmos, podemos ser envolvidos pelas circunstâncias e acabar protagonizando os dois lados, ou seja, podemos atuar no palco da vida como "inconvenientes" ou como "alvos de um inconveniente". Assim, conscientes de que somos seres humanos, devemos buscar todo o conhecimento técnico, tendo sempre em mente que nada, absolutamente nada pode alterar o nosso Equilíbrio Emocional e a nossa Qualidade Comportamental.

"A Não-Violência nunca deve ser usada como um escudo para a covardia; é uma arma para os bravos"

(Mahatma Gandhi)

EXERCENDO AUTORIDADE

VOCÊS JÁ ASSISTIRAM AO FILME "UM DIA DE FÚRIA (FALLING DOWN)"? IMAGINEM UMA PESSOA COM UM SENTIMENTO MUITO INTENSO DE RAIVA, DE ÓDIO, DE RANCOR, DE INDIGNAÇÃO, QUE SE MANIFESTA ATRAVÉS DE OFENSA, INJÚRIA, ATENTADO FÍSICO OU MORAL, E AINDA QUE A LEVA AO DESEJO DE VINGANÇA, EXPRESSADO POR CÓLERA E FÚRIA.

Talvez um pouco menos do que foi descrito acima, mas, todos nós já nos comportamos inconvenientemente em algum momento da vida, e certamente nos comportaremos de maneira inconveniente num futuro; talvez não muito distante. Raríssimas pessoas são capazes de admitir os seus comportamentos inconvenientes, mas, com certeza, enxergam com facilidade os comportamentos inconvenientes dos outros. Lembramo-nos de um fato divulgado pela mídia onde, no sul do Brasil, um indivíduo, num momento de alto estresse, atropelou vários ciclistas que faziam um protesto. Por sorte não matou-os, mas, sua atitude impulsiva e violenta nos faz refletir sobre o motivo que o levou a agir assim. Devido o protesto dos ciclistas, foi impedido de seguir o seu destino. Certamente sentiu-se injustiçado, liberando imediatamente na corrente sanguínea uma quantidade absurda de hormônios que o levou àquela loucura; talvez aquele protesto fosse prejudicar um novo negócio; poderia atrasá-lo para uma reunião importante, ou quem sabe levá-lo a ser alvo de chacota por mais um atraso corriqueiro. Todas as hipóteses podem e devem ser levadas em consideração, inclusive a de loucura, mas, nada irá justificar este comportamento insano. Percebam como é interessante; pelo simples fato de estarmos analisando este caso, provavelmente, caso enfrentemos situações parecidas num futuro, nossas chances de não repetirmos este erro aumenta de forma significativa, ou seja, aprendemos com os erros dos outros; não é necessário errarmos para aprendermos.

Estamos convencidos que a maioria das pessoas que se destacam no **GPCI**, são aquelas que, de alguma forma, aprenderam com os seus próprios comportamentos inconvenientes. Através dos erros cometidos, através de muito sofrimento, foram adquirindo **"autoridade"**; foram adquirindo a experiência que hoje as levam à vitória. Dependendo de como nós reagimos ao "sofrimento", que resulta dos nossos erros, ele se torna nosso aliado.

O sofrimento acaba permitindo o reconhecimento dos erros; uma vez reconhecido o erro, somos levados ao arrependimento. O arrependimento nos faz dobrar os joelhos e pedir perdão a Deus, consequentemente, Ele nos dá "autoridade" sobre os nossos próprios erros. Não queremos com isso incentivar ninguém a errar para conseguir essa autoridade; podemos e devemos aprender com os erros e também com os acertos dos outros; isto sim é ser inteligente, mas, também não devemos, tampouco precisamos carregar sentimentos de culpa e fracasso pelos erros do passado; basta apenas aprendermos com os erros e exercermos a autoridade que recebemos, ou seja, com muita sensibilidade e comprometimento, devemos impedir que, aqueles que estão ao nosso redor caíam naquele mesmo erro. Todos nós conhecemos histórias, com "H", de pessoas que após terem cometido erros gravíssimos, usam sua experiência para ajudar centenas de milhares de pessoas; não é verdade? Certa vez ouvi que os erros são inevitáveis ao longo da vida; o que conta é a resposta ao erro. Talvez o remédio mais eficaz para o erro seja reconhecê-lo.

No GPCI é fundamental entendermos, plenamente, o que é autoridade para que possamos exercê-la com eficiência e eficácia. Falamos até agora de uma autoridade sobre os erros do passado, que nos é dada por Deus, autoridade divina; entretanto, existe outro tipo de autoridade que nos é dada por homens, autoridade humana.

Assim, definimos autoridade como sendo um "Poder" delegado a alguém, por alguém; obviamente, alguém que tem autoridade. Vale enfatizar que nossa **"autoridade é limitada"**; o limite é maior ou menor dependendo de quem nos dá essa autoridade. Outro aspecto importante é que nossa **"autoridade deve ser exercida"**. Quando não exercemos a autoridade que recebemos, o resultado é sempre muito ruim. Por exemplo, quando a polícia não exerce a autoridade que tem, temos como consequência o aumento da criminalidade, da desordem, da indisciplina, etc. Quando os pais não exercem a autoridade que têm como pais, o resultado é o desmando e a destruição da família. Quando um professor não exerce a autoridade que tem em sala de aula, o resultado é a indisciplina, a bagunça, a confusão. Desta forma, é necessário que saibamos usar com sabedoria nossa autoridade, pois as pessoas só fazem conosco aquilo que permitimos. É necessário que saibamos nos posicionar, falar "não", enfim, exercer nossa autoridade. Gostamos bastante da poesia **"No caminho, com Maiakovski"** do poeta brasileiro **Eduardo Alves da Costa**, que diz mais ou menos o seguinte:

....

"Na primeira noite eles se aproximam e roubam uma flor do nosso jardim. E não dizemos nada. Na segunda noite, já não se escondem: pisam as flores, matam nosso cão, e não dizemos nada. Até que um dia, o mais frágil deles entra sozinho em nossa casa, rouba-nos a luz, e, conhecendo nosso medo, arranca-nos a voz da garganta. E já não podemos dizer nada".

E é exatamente assim que acontece; lentamente, silenciosamente, de uma forma sutil, mas recorrente, as coisas vão acontecendo, e, muitas vezes, para não sermos chamados de "chatos de galocha", antipáticos e ranzinzas, permitimos uma coisinha aqui, outra ali e quando acordamos para a realidade, fomos completamente envolvidos; perdemos a autoridade e já não podemos falar mais nada. Só nos resta ficar calados.

"Raríssimas pessoas são capazes de admitir os seus comportamentos inconvenientes, mas, com certeza, enxergam com facilidade os comportamentos inconvenientes dos outros."

ENTENDENDO O GPCI

Estávamos construindo este capítulo, quando recebemos da Instrutora Danuza Garcia, Especialista em Segurança e praticante de Artes Marciais, um livro muito antigo, maravilhoso, chamado **"The other side of love"**, "O outro lado do amor", do Dr. Gary Chapman, publicado originalmente por Moody Press, Chicago, EUA. O autor explica que a "Ira" é na verdade o outro lado do amor. Enquanto o "Amor" nos aproxima do outro, a "Ira" nos predispõe contra o outro, entretanto, o autor explica que a "Ira" tem propósitos positivos e que pode e deve ser canalizada para resultados positivos.

O DR. CHAPMAN DIZ QUE A INDIGNAÇÃO DE DEUS É PROVOCADA POR CONHECER OS EFEITOS PERNICIOSOS DO PECADO HUMANO. É A PREOCUPAÇÃO DE DEUS POR JUSTIÇA E RETIDÃO QUE ESTIMULA A **"IRA DIVINA"**.

Sendo assim, ao ver o mal, Deus fica irado. A Bíblia diz que somos feitos "à imagem de Deus". Muito embora essa imagem tenha sido bastante prejudicada pela desobediência do homem, ela não foi apagada. Nós, seres humanos, ainda mantemos a "Imagem de Deus" cravada em nossas almas. Assim, embora sejamos pecadores, ainda temos um compromisso com a justiça e a retidão. É por isso que quando batemos de frente com algo que acreditamos estar errado, ou também, fatos que nos desagradam profundamente, ficamos indignados, irados, com raiva.

É dito, também por ele, que o propósito da ira é motivar-nos a responder às injustiças da vida com atitudes construtivas e amorosas e fazer tudo que esteja ao nosso alcance para ver a justiça prevalecer. Portanto a ira em si mesma é boa, é um fator motivador poderoso e positivo, útil para nos impulsionar a uma atitude amorosa, para consertar erros e corrigir a injustiça, diz o Dr. Chapman. O perigo é que a ira pode se tornar contraproducente, trabalhando contra nós, se não soubermos lidar com ela. O livro **"The other side of love"** foi publicado no Brasil com o nome **"Ira, aprenda a expressar esta emoção"**, pela Associação Religiosa Editora Mundo Cristão; é superinteressante e esclarece essas questões de uma forma bastante didática e prática. Deus não é sábio, Deus é a própria sabedoria, é sapiência pura.

Nós, seres humanos, temos pouco ou nenhum controle sobre os nossos feedbacks emocionais e fisiológicos.

Quando nos confrontamos com algo que acreditamos estar errado ou, também, fatos que nos desagradam profundamente, ficamos indignados, com raiva.

Todos nós conhecemos e certamente já assistimos aos filmes do **"Incrível Hulk"**, um dos personagens mais conhecidos das estórias em quadrinhos criadas por Jack Kirby e Stan Lee em 1962. O verdadeiro nome do Hulk é Robert Bruce Banner, um jovem cientista que foi atingido acidentalmente por raios gama quando salvava um adolescente durante um teste militar de uma bomba por ele desenvolvida. O fato interessante é que sua transformação, de Banner para Hulk, só ocorre quando o Dr. Banner, de alguma forma, fica extremamente irado, despertando assim o seu lado mais selvagem e assustador.

Considerando o exposto, pois a analogia é perfeita, ao gerenciarmos comportamentos inconvenientes, precisamos tomar todo o cuidado para não estimularmos na pessoa, sentimentos como raiva, ódio, rancor; portanto, é preciso que entendamos como o sentimento de raiva surge. Acredite, não é nada interessante despertarmos, em determinadas pessoas, estes sentimentos que produzem estas transformações.

Num confronto direto, quando batemos de frente com algo que acreditamos ser errado, surge imediatamente o sentimento de indignação que nos leva à raiva. A indignação será maior ou menor na proporção do nível de importância que damos aquilo que acreditamos ser errado. Muitas vezes, devido um sentimento que surge em virtude de algo que nos contraria, que nos deixa com raiva, corremos o perigo de tomar uma decisão errada. Marco Aurélio dizia que muito mais dolorosas são as consequências da raiva do que as suas causas.

Certa vez ouvimos o relato de um policial militar que realmente nos chamou a atenção. Segundo o policial, um amigo da mesma corporação fazia sua ronda, quando foi acionado por um grupo de pessoas. Elas disseram que havia um enorme tumultuo e barulho de pratos quebrados no interior de um restaurante em frente, e que provavelmente, tratava-se de uma briga, mas, que também poderia ser um assalto. O policial rapidamente informou o fato a central de operações e, com uma quantidade significativa de adrenalina, partiu em direção ao local por eles indicado.

Ao aproximar-se percebeu alguns curiosos que também tentavam identificar o que estava acontecendo. Ao entrar, tomando todo o cuidado, no caso de um assalto, pode ver duas pessoas no chão, ensanguentadas se "atracando" e, a que estava por cima empunhava algo, talvez pelo brilho, um metal; quem sabe uma faca... Neste momento, já com a sua pistola empunhada, precisava tomar uma decisão; atiro ou não? Foi quando decidiu usar sua autoridade, verbalizando, através de um comando alto e claro. Talvez tenha sido a melhor decisão de sua vida, pois, tratava-se de uma tentativa de prestação de socorro a uma pessoa com uma crise convulsiva. O individuo, apavorado, tentava proteger o amigo garçom que era epilético, para que ele não se machucasse e, com uma colher, tentava desenrolar sua língua. A cena era terrível, pois, no momento da crise, o garçom derrubou uma pilha de pratos. Haviam pratos estilhaçados por todos os lados, e esses cacos de vidro causaram ferimentos nos dois. Observem que mesmo sendo sinceros no "acreditar ser ou estar errado", não significa que estejamos com a verdade; podemos estar sinceramente equivocados.

Agora imaginem a seguinte cena: Crianças com idade de nove a doze anos brincando na rua com uma bola. Você está a certa distância, apreciando a brincadeira e a alegria daqueles meninos. De repente surge um grupo de jovens adolescentes fazendo a maior algazarra e acabam com a brincadeira das crianças. Um deles, de forma agressiva, pega a bola e grita **"Cala a boca"**, em seguida saem rapidamente deixando as crianças tristes, desoladas. O que você sente diante deste relato? Causa indignação em você? Qual seria a sua reação? Primeiro precisamos manter o equilíbrio emocional, pois, só assim conseguiremos raciocinar e agir com competência.

Ao se aproximar das crianças você soube o que de fato aconteceu. Uma das crianças era o irmão mais novo do adolescente que havia gritado. Este ficou indignado quando viu sua bola oficial, de couro, com as crianças sendo usada no asfalto e sem a sua autorização. Simplesmente, furioso, ele pegou o que era seu de direito e partiu com seus amigos para o jogo. Mahatma Gandhi dizia que a raiva e a intolerância são as inimigas gêmeas da compreensão correta.

Existem pessoas que, talvez por patologia ou mesmo por questões educacionais, criam enormes problemas, se envolvem em situações altamente constrangedoras, devido às suposições malucas que fazem. A nossa natureza humana é preconceituosa, é inclinada ao erro, e isso é um fato. Suposições primárias nos levam a suposições secundárias e assim sucessivamente. Imagine-se sentado, viajando de trem, com alguns lugares vagos na composição, inclusive ao seu lado. De repente você percebe um indivíduo bastante magro, cabelos ralos, olhos vermelhos, olheiras, e com um lenço nas mãos tossindo. O que você pensaria? Como você agiria? Vejamos algumas prováveis hipóteses: "Tomara que ele não se sente ao meu lado"; "Será que está doente?" "Será que a doença é contagiosa?"; "Eu acho que é tuberculose"; "Sou novo na empresa, se eu ficar doente serei demitido"; "Se eu for demitido terei problemas em casa"; "Certamente será o fim do meu casamento"; observem que em poucos segundos criamos a terceira grande guerra mundial, um estardalhaço absolutamente desnecessário; e assim, corremos o perigo de, dominados pelo preconceito, nos comportarmos inconvenientemente. Percebam que o preconceito existe em nós, faz parte da nossa natureza humana, entretanto, precisamos dominá-lo para que não sejamos dominados por ele.

Esta é, de fato, uma questão que devemos refletir bastante; assim, devemos usar **empatia** o tempo todo e, ao percebermos que a pessoa inconveniente acredita de verdade naquela posição, é necessário que sejamos hábeis na argumentação e tentemos perceber qual o nível de importância dado àquela "verdade"; só assim teremos mais chances de êxito no Gerenciamento daquele Comportamento Inconveniente.

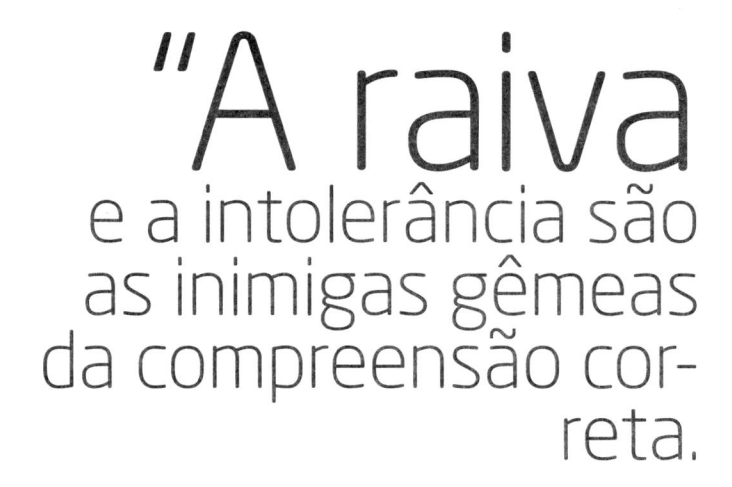

"A raiva e a intolerância são as inimigas gêmeas da compreensão correta.

Mahatma Gandhi

SENTIMENTO X COMPORTAMENTO

VIMOS ANTERIORMENTE QUE NÓS, SERES HUMANOS, TEMOS POUCO OU NENHUM CONTROLE SOBRE OS NOSSOS FEEDBACKS, EMOCIONAIS E FISIOLÓGICOS, QUANDO NOS CONFRONTAMOS COM ALGO QUE ACREDITAMOS ESTAR ERRADO, OU TAMBÉM, FATOS QUE NOS DESAGRADAM PROFUNDAMENTE.

Quando isso ocorre, as **Glândulas Suprarrenais**, ou **Adrenais** liberam uma quantidade enorme de hormônios, que são lançados na nossa corrente sanguínea. É como se fosse um estímulo para a raiva, um acelerador para que nos comportemos de maneira inconveniente.

A título de curiosidade, nas Glândulas Suprarrenais encontramos o Córtex e a Medula. O Córtex produz vários hormônios, as Corticosteronas, que controlam o metabolismo do sódio e do potássio e também o aproveitamento dos açúcares, lipídios, sais e águas.

Já a Medula produz a "**Adrenalina**", também conhecida como Epinefrina e a "Noradrenalina", também conhecida como Norepinefrina.

Começaremos este capítulo contando a estória de um jovem Gerente de Gestão de Pessoas de uma grande empresa.

Jovem Gerente de Gestão de Pessoas

Irritado com o seu trabalho, não conseguia mais controlar-se, não conseguia atender, muito menos orientar aqueles funcionários problemáticos, estava sem estrutura emocional para convencê-los a seguir um determinado caminho, ou fazer uma determinada atividade; assim, com o seu sistema nervoso completamente abalado, afastou-se para tratamento de saúde. Foi ao psiquiatra e relatou o seu problema. O médico, experiente, logo diagnosticou o "estresse". Disse ao paciente: "O senhor precisa repousar, tire férias; afaste-se um pouco da sua atividade profissional e descanse. O ideal é que o senhor vá para uma fazenda, leia bons livros, ouça música e faça exercícios físicos."

Assim fez, passou numa livraria e comprou alguns livros, gravou muitas músicas, desligou o seu celular e partiu para a fazenda de um amigo. Três dias depois, já havia lido dois livros e ouvido quase todos os CDs, contudo, continuava angustiado, inquieto. Lembrou--se então da atividade física, certamente era o que faltava. Imediatamente, chamou o administrador da fazenda, explicou-lhe que precisava fazer exercícios físicos e pediu que pensasse em algo diferente. O administrador pensou, pensou e lembrou-se da montanha de esterco que acabara de chegar. Disse então ao nosso Gerente:

"Se o senhor não se incomodar, seria interessante espalhar aquele esterco em toda aquela área que está sendo preparada para o cultivo."

*Pensou o administrador: **"Ele deverá gastar, no mínimo, uma semana com essa tarefa".** Ledo engano. No dia seguinte, antes do meio dia, toda a área estava estercada. O nosso jovem gerente feliz da vida, satisfeito e cheio de disposição, pediu logo uma nova tarefa, apenas para completar o dia. O administrador então lhe disse:*

"Estamos iniciando a colheita de laranjas. Os empregados estarão no laranjal aguardando o senhor. Leve estes três tipos de cestos e distribua entre eles explicando-lhes que as laranjas pequenas deverão ser colocadas no cesto amarelo, as médias

no cesto azul e as grandes no cesto vermelho".

*No fim daquele dia o nosso executivo não retornou. Preocupado, o administrador dirigiu-se ao laranjal. A cena que viu foi a seguinte: O jovem gerente indignado, acreditando nas suas razões, gritava com os empregados que não conseguiam entendê-lo. "**Vocês têm o que na cabeça? Não é nada disso cambada de tapados"**.*

Uns queriam apenas os cestos vermelhos, outros não aceitavam os cestos amarelos, outros perguntavam o que deveriam colocar dentro dos cestos azuis, outros queriam saber se podiam misturar laranja lima com laranja seleta, outros perguntavam onde colocariam a laranja pera, enfim, uma completa desordem, bagunça, confusão.

Moral da estória: **Espalhar merda é fácil. O difícil é lidar com seres humanos.** Brincadeiras à parte, percebemos através da simplicidade de um conto, o quanto é difícil tratar com pessoas, entretanto, é sempre importante lembrar que a responsabilidade é nossa. É guerra! Precisamos estar preparados se quisermos paz. Também percebemos que o jovem gerente da estória, era excelente com uma enxada ou com uma pá nas mãos, contudo, era fraco nas relações humanas. As pessoas são diferentes, existe uma individualidade biológica e todos nós temos as nossas limitações. É fundamental que entendamos desde o início que existem duas prováveis hipóteses. A primeira é que podemos es-

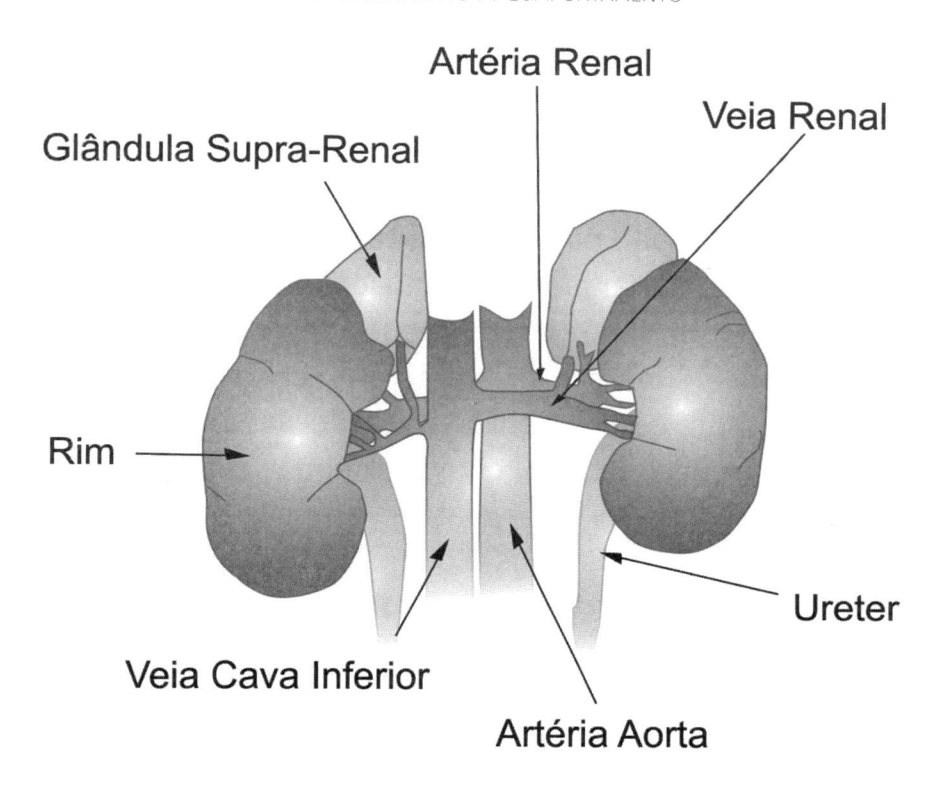

Artéria Renal

Veia Renal

Glândula Supra-Renal

Rim

Ureter

Veia Cava Inferior

Artéria Aorta

tar sinceramente indignados com toda a razão; a segunda hipótese é que podemos estar sinceramente indignados, mas sem nenhuma razão, ou seja, equivocados. Assim, como seres humanos que somos, precisamos discernir o tempo todo para que não paguemos mico ou cometamos injustiças gratuitas.

Quando nos confrontamos com algo que acreditamos estar errado, ou também, fatos que nos desagradam profundamente, esses dois hormônios são lançados na nossa corrente sanguínea, funcionando como um mecanismo de defesa do nosso corpo. É como se preparassem o organismo para o "**combate**" ou mesmo para a "**fuga**". Tudo aquilo que nos agride em demasia, que nos causa uma sobrecarrega ou de alguma forma nos perturba, leva-nos a uma profunda irritação, acompanhada logo em seguida de estresse. Quando digo "tudo", é tudo mesmo; como o suor que escorre pelas nossas costas durante uma cerimônia que não nos permite aliviar aquela situação; aquela música que você detesta com som extremamente alto de um vizinho sem bom senso; uma dor insistente ou recorrente durante um longo tempo; o sofrimento em razão das intempéries da natureza, tais como frio, chuva, poeira e vento; longas viagens desconfortáveis e cansativas; trânsito caótico; enfermidades de todos os tipos e o aguardo do resultado de um exame; o zumbido de um mosquito durante uma noite quente de verão; supressão dos hábitos saudáveis de vida, inclusive por motivos justificados; brigas e desentendimentos familiares; perda de um ente querido, odores desagradáveis, síndrome de abstinência de todos os tipos; sentir-se enganado; traição, etc.

O sentimento de indignação, de raiva, é inevitável em razão desta resposta fisiológica, entretanto, é fundamental esclarecermos que realmente não temos qualquer controle sobre os nossos sentimentos, mas, se treinarmos exaustivamente, com certeza absoluta, aprenderemos a controlar o nosso comportamento. Nós podemos estar com uma vontade enorme de gritar com alguém, socar, bater, estrangular, submeter e até mesmo matar, mas, apesar deste sentimento ruim, nos comportar equilibradamente. Nossos pais, na nossa infância, sempre diziam:

"Meu filho, vontade é coisa que dá e passa; é só respirar um pouco mais, andar, andar e andar; contar até dez, em alguns casos até cem e outras vezes, até mil; trata-se de aprender a resistir"; e é realmente uma verdade. Quando resistimos às nossas "vontades" e fazemos o que é certo, percebemos logo em seguida a bobagem que teríamos feito caso tivéssemos optado errado, ou seja, agido de acordo com os sentimentos feridos. Estou convencido de que estes sentimentos sempre nos levam em direção à morte. Quando aprendemos a lidar de forma equilibrada com eles, ou melhor, quando passamos a dominar esses sentimentos e não mais, sermos dominados por eles, criamos ambientes favoráveis na nossa família, no nosso trabalho, com nossos amigos, enfim, na sociedade; tornamo-nos então seres humanos melhores. Para isso é necessário seguirmos algumas linhas de ação:

1. *Reconheça, admita de forma consciente e equilibrada a sua indignação;*

2. ***Não reaja pelo impulso**, não siga os seus sentimentos feridos;*

3. ***Procure entender**, tente localizar o foco da sua indignação;*

4. ***Analise** suas opções e **projete** o resultado futuro das suas possíveis escolhas;*

5. ***Transforme** toda essa teoria em ação; faça a escolha certa.*

Sabemos que todos nós temos o direito de decidir, de escolher o nosso próprio destino, entretanto, se nós escolhermos não decidir, nós já tomamos uma decisão. Quando abordamos este assunto em palestras e seminários, percebemos com clareza que um número bastante significativo de pessoas poderiam ter evitado muitas dores de cabeça se, na sua Educação Básica, tivessem sido orientados e conscientizados a esse respeito, assim, é impossível não citarmos:

"**Um** homem que vence outro homem é forte, mas, o homem que vence a si próprio é poderoso".

APLICANDO O AGPCI

AGORA QUE ENTENDEMOS UM POUCO MAIS DOS CONCEITOS TÉCNICOS E DAS QUESTÕES EMOCIONAIS E FISIOLÓGICAS, É NECESSÁRIO CONHECERMOS A APLICABILIDADE DO GERENCIAMENTO PROGRESSIVO DE COMPORTAMENTO INCONVENIENTE - GPCI. VIMOS QUE **RECONHECER E ADMITIR DE FORMA CONSCIENTE E EQUILIBRADA A INDIGNAÇÃO**, É O PRIMEIRO PASSO. O PROBLEMA É: COMO FAZER COM QUE A PESSOA COM ATITUDE INCONVENIENTE ADMITA A RAIVA, ADMITA QUE ESTÁ INDIGNADA?

Lembramo-nos da história de uma pessoa que quando as coisas não aconteciam de acordo com o que ele havia planejado, imediatamente surtava e explodia em acessos de fúria, culpando sempre os que estavam ao seu redor, inevitavelmente, os seus amigos, pois os inimigos não ficam por perto. Decidiu então afastar-se da causa de seus problemas e foi para um local deserto, isolando-se no alto de uma montanha. Certo dia, na sua nova casa, tropeçou acidentalmente num jarro com água derramando o conteúdo. Ficou com muita raiva, mas não havia ninguém por perto que pudesse culpar, assim, encheu-o colocando-o no mesmo lugar. Pouco tempo depois, tropeçou novamente no jarro e num acesso de cólera, furioso, arremessou-o com toda a sua força no chão, fazendo-o em pedacinhos. Depois de acalmar-se, refletiu e chegou à conclusão de que **aquele comportamento inconveniente era problema dele mesmo, e não dos outros**. Portanto, reconhecer e admitir de forma consciente e equilibrada a indignação, é o primeiro passo.

Empatia continua sendo a palavra chave. Precisamos nos colocar no lugar do outro; só assim teremos mais chances de falar o que a pessoa precisa ouvir para admitir a indignação. Vale lembrar que a pessoa precisa admitir naturalmente; trata-se de auto constatação, uma conclusão própria. Não devemos apontar o erro, lembra-la do erro, mas sim fazê-la perceber que todos nós temos o direito de "nos indignarmos"; nós só não temos o direito de errar com ninguém com base na nossa indignação, pois existe a hipótese de estarmos equivocados; caso estejamos, estaríamos pagando um enorme "mico" com consequências imprevisíveis. Quantas vezes ao longo da nossa curta vida, tivemos a certeza absoluta de algo e quebramos a cara? Ficamos com aquela cara de "pinico velho". Portanto, quando estivermos lidando com uma pessoa indignada, o ideal é que nesses momentos, com toda a sensibilidade, de forma curta, mas extremamente educada, falemos claro e em bom tom:

....

"O senhor(a) tem toda a razão de estar indignado(a); mas não permita que a indignação venha prejudicá-lo(a)".

....

"Deixe-me ajudá-lo(a) senhor(a)". Existe a possibilidade de um equivoco das duas partes; caso seja eu o equivocado, peço-lhe perdão.

Vale reiterar que devemos, de alguma forma, fazê-la entender que não é pecado nos indignarmos, é um direito que todos nós temos, entretanto, não podemos permitir que a indignação nos leve em direção ao erro. William Shakespeare dizia que nós temos o direito de ficar com raiva, mas isso não nos dá o direito de sermos cruéis. Mostre que não deixá-la errar é uma preocupação sua para com ela. Deixe bastante claro que o seu objetivo é ajudá-la; única e exclusivamente, ajudá-la.

"O senhor(a) tem toda a razão de indignar-se; mas, suas atitudes podem tirar toda a sua razão".

....

"O senhor(a) tem todo o direito de ficar indignado, mas isso não lhe dá o direito de ofender as pessoas".

....

"Permita-me ajudá-lo(a) senhor(a)".

Vimos também que **não reagir de forma impulsiva, não seguir os sentimentos feridos** é o segundo passo para que tenhamos sucesso no GPCI. Precisamos, com muita sensibilidade, mostrar à pessoa que agir por impulso é normalmente uma atitude negativa. O problema é: Como fazer com que a pessoa com comportamento inconveniente não tenha uma atitude impulsiva? Precisamos entender a fisiologia do negócio, entender que aquela resposta impulsiva é fruto de uma quantidade enorme de adrenalina e noradrenalina lançada na corrente sanguínea, assim, é necessário que façamos uma abordagem altamente diplomática, mas recheada com **"muita autoridade"**:

....

"Senhor(a), perdoe-me por tê-lo contrariado, mas estou dentro da lei, cumprindo ordens";

....

"Senhor(a), desculpe-me, não é minha intenção causar problemas, mas são normas e diretrizes, apenas preciso cumpri-las".

....

"Senhor(a), espero que me ajude a cumprir o que a lei determina".

Muitos de nós, ainda crianças, aprendemos com nossos pais a não reprimir a raiva. Ouvimos muitas vezes os adultos falarem: **"De vez em quando é bom colocarmos pra fora nossa raiva, senão enfartamos"**. Reprimir significa reter, e realmente não seria uma boa decisão. Administrar, talvez seja o termo mais correto. Administrar as nossas atitudes impulsivas e nossas respostas impensadas é fundamental; pois, sentimento é uma coisa e comportamento é outra coisa. Administrar comportamentos insanos não significa "armazenar a raiva". Observem bem, é uma grande bobagem achar que, "se segurarmos a onda", a ira, a raiva e a indignação serão rapidamente "retidas" num cantinho estratégico do nosso organismo e, a qualquer momento, Bummmm!!! O "Big Bang!" surge. Percebam; não estamos afirmando categoricamente que a indignação não pode ser armazenada. A indignação realmente pode ser armazenada; é cumulativa sim, mas, apenas, se não administrarmos, se não soubermos lidar com ela. Segurar a onda seria, ter a consciência do sentimento ferido, mas administrar totalmente o comportamento; assim, nosso objetivo é exatamente fazer com que você tenha consciência, entenda e não permita que a indignação fique "mal resolvida". Estamos convencidos de que a indignação é um feedback de compensação; ou melhor, é uma resposta imediata a um sentimento de frustração, de desconforto, de injustiça, etc.

Portanto, reiteramos que administrar nossas atitudes impulsivas e nossas respostas impensadas é fundamental; pois, sentimento é uma coisa e comportamento é outra coisa. É uma questão de aprendizagem, é treinamento diário; precisamos aprender a controlar o nosso comportamento, pois, o sentimento é algo fisiológico.

Vimos anteriormente que quando nos confrontamos com algo que acreditamos estar errado, ou também, fatos que nos desagradam profundamente, somos bombardeados por uma quantidade absurda de Epinefrina (adrenalina) e Norepinefrina (noradrenalina), que lançadas na corrente sanguínea, nos deixa loucos de raiva, com sentimento de indignação à flor da pele e, se estivermos bem treinados, preparados para o combate, nos comportaremos bem e seremos aplaudidos; caso contrário, seremos apedrejados e crucificados sem dó e sem piedade. Entretanto, também é verdade que, da mesma forma que explodimos de raiva, também podemos implodir. A explosão seria de fora para dentro, já a implosão seria lentamente e silenciosamente de dentro para fora; assim, é fundamental que consigamos lidar com essa "indignação mal resolvida", pois, caso contrário, ela vai se acumulando e, nós implodimos.

Vimos, portanto, que **procurar entender e tentar localizar o foco da indignação é o terceiro passo**, entretanto, esta etapa acontece quando estamos em pleno combate com nós mesmos. É realmente uma etapa sofrida, pois, precisamos aprender a raciocinar e agir com competência durante um momento altamente crítico e difícil, momento em que estamos tentando administrar os nossos impulsos; e é exatamente neste momento que precisamos localizar o foco da indignação, ou melhor, localizar a verdadeira origem da indignação. Sabemos que muitas vezes nos estressamos no trânsito devido a um problema com um colega de trabalho, ou nos descompensamos com nossos filhos em razão de um atrito com um garçom que não nos atendeu com cordialidade, demorou com os pedidos e ainda cobrou uma refeição não solicitada, e assim, por falta de treinamento, por não sabermos localizar o foco da indignação, vamos complicando, distorcendo e destruindo tudo. Portanto, é necessário desenvolvermos um pavio muito longo, e também que consigamos transformar nosso estômago em pântano, em razão dos sapos que certamente precisaremos engolir quando estivermos gerenciando comportamento inconveniente de pessoas estressadas e furiosas.

O quarto passo é analisar todas as opções existentes, projetando o "feedback de compensação" de cada uma delas, ou seja, é a previsão do resultado futuro das nossas possíveis escolhas.

A loja

"Um rapaz entrou numa loja e viu um senhor no balcão. Maravilhado com a beleza do lugar, perguntou-lhe: - Senhor, o que se vende aqui? - Todos os dons de Deus. - E custam muito? - voltou a perguntar. - Não custam nada. Aqui tudo é de graça. Contemplou a loja e viu que havia jarros de amor, vidros de fé, pacotes de esperança, caixinhas de salvação, muita sabedoria, fardos de perdão, pacotes grandes de paz e muitos outros dons de Deus.

Tomou coragem e pediu: - Por favor, quero o maior jarro de amor de Deus, todos os fardos de per-

dão, um de equilíbrio emocional, um vidro grande de fé e um outro de tolerância, pra mim e pra toda minha família. Então, o senhor preparou tudo e entregou-lhe um pequeno embrulho que cabia na palma da sua mão. Incrédulo, ele disse: - Mas como pode estar aqui tudo o que pedi? Sorrindo o senhor lhe respondeu: **-Meu amigo, na loja de Deus não vendemos frutos, só sementes. Plante-as!!!**

Somos livres, nascemos livres, mas nossa liberdade não é uma árvore que nasce pronta; é uma semente que precisa ser plantada. Cada escolha, cada opção que fazemos é uma semente que plantamos em nós mesmos. Nós temos o direito de optar, somos livres para escolher, entretanto, somos obrigados a colher os frutos que plantamos. Se fizermos boas escolhas, se plantarmos boas sementes, certamente colheremos frutos que serão agradáveis aos nossos olhos; contudo, se plantarmos sementes ruins, seremos obrigados a colher frutos que não serão agradáveis aos nossos olhos. Assim, conscientes da importância desta etapa e, obviamente, com todo o tato do mundo, precisamos fazer com que a pessoa com comportamento inconveniente receba estas informações. Portanto, seremos nós que analisaremos as opções existentes; seremos nós que projetaremos, para a pessoa que se comporta inconvenientemente, o resultado da sua escolha, ou melhor, os frutos que ela, obrigatoriamente, irá colher. Exemplos:

"Senhor, preciso alertá-lo; infelizmente, caso o senhor tome esta decisão, serei obrigado a acionar a polícia";

....

"Senhor, seria bastante desagradável para todos nós, perdermos a noite numa delegacia policial";

....

"Senhor, perdoe-me, mas sua escolha pode levá-lo a um processo criminal; iria nos custar muitas horas com esclarecimentos e depoimentos intermináveis numa Delegacia Policial".

....

"Senhor, eu não vou impedi-lo de entrar; mas, perceba que as imagens estão sendo gravadas. O resultado é Processo Criminal e demissão por justa causa; o senhor realmente quer isso? Deixe-me ajudá-lo senhor."

O quinto passo é quando transformamos toda essa teoria em ação, ou seja, quando fazemos a escolha certa; quando optamos corretamente. Percebam que no nosso caso, precisamos usar toda a sensibilidade para fazer com que a pessoa com atitude inconveniente faça a escolha certa.

Aprendemos ao longo da caminhada que tudo na vida é simples, mas nada na vida é fácil. Sabemos que o fato de conhecermos o caminho da vitória não significa que seremos vitoriosos; o fato de conhecermos o segredo do sucesso não significa que teremos sucesso na vida. O fato de sabermos que exercícios físicos diários e uma alimentação com base em frutas, legumes e verduras é o grande segredo do sucesso para que tenhamos um corpo saudável, não significa que vamos conseguir este corpo saudável e escultural, pois, é necessário que consigamos resistir às deliciosas feijoadas, as maravilhosas rabadas, aos suculentos bifes com batatas fritas, às saborosas lasanhas de queijo e presunto, aos mais variados tipos de doces, sorvetes, pudins de leite condensado, enfim, esses "venenos" que certamente causarão em nós, uma complicada crise existencial. Fazer a escolha certa é simples, mas como vimos não é nada fácil, pois, exige renúncia e sofrimento; e quem está predisposto ao sofrimento? Quem gosta de sofrer?

Obviamente, a estória abaixo está completamente "fora de situação", entretanto, como tudo na vida, serve para que saibamos como não devemos fazer.

Aeroporto

Um voo superlotado de uma grande companhia aérea foi cancelado.

Uma única funcionária atendia e pacientemente tentava resolver os conflitos e os problemas dos passageiros, que formavam uma longa fila. De repente, um passageiro descompensado, furou a fila, foi até o balcão, atirou o bilhete com violência e disse:

- Eu tenho que estar neste voo, e tem que ser na primeira classe!

A funcionária gentilmente respondeu:

- Senhor desculpe-me, terei todo o prazer em ajudá-lo, mas, tenho que atender primeiramente, estas pessoas, já que elas também estão aguardando pacientemente na fila. Perdoe-me, mas, prometo que quando chegar a sua vez farei de tudo para satisfazê-lo.

O passageiro arrogante ficou irredutível e gritou de forma que todos na fila ouvissem:

-Você faz alguma ideia de quem eu sou?

Sem hesitar, a funcionária sorriu, pediu um instante, pegou o microfone e disse:

-Posso ter um minuto da atenção dos senhores, por favor? (a voz ecoou por todo o terminal). E continuou:

- Senhores e senhoras, nós temos aqui no balcão um passageiro que não sabe quem é, deve estar perdido... Se alguém é responsável por ele, ou é seu parente, ou então se puder ajudá-lo a descobrir a sua identidade, favor comparecer aqui no balcão, urgentemente. Obrigada.

Além das gargalhadas descontroladas, a funcionária ainda levou uma calorosa salva de palmas...

> *Com as pessoas atrás dele gargalhando histeri-camente, o homem olhou furiosamente para a funcio-nária, rangeu os dentes e disse ensandecido:*
>
> **- Eu vou te comer!**
>
> *Sem recuar, ela sorriu e, educadamente, disse:*
>
> **- Desculpe-me senhor, mas mesmo para isso, o senhor vai ter de esperar na fila; pois, tem muita gen-te querendo o mesmo.**

Parece bobagem, mas o mundo está cheio de pessoas exatamente assim, com este perfil; arrogantes, prepotentes, enfim, que se acham. O problema é que todos nós sentimos vontade de aplaudir, de pé, as pessoas com a mesma presença de espírito daquela funcionária; não é mesmo? Contudo, como profissionais e especialistas em GPCI, não podemos e não devemos em hipótese nenhuma, gerenciar seguindo os nossos "sentimentos feridos"; certamente eles nos conduzirão ao caos, e, inevitavelmente, a morte. Diante situações de estresse devemos argumentar, não com o objetivo de sair vencedor, mas, de verdadeiramente ajudar e aprender. Talvez estas, teriam sido boas respostas:

....

"Realmente não sei quem o senhor é, mas sei que é capaz de me desculpar por não poder atendê-lo com a urgência que o senhor merece".

....

"Realmente não sei quem o senhor é, mas perdoe-me por não poder atendê-lo com a urgência que o senhor merece".

....

"Realmente não sei quem o senhor é, mas sei que é capaz de entender a situação que eu me encontro; perdoe-me por não poder atendê-lo com a urgência que o senhor merece".

Pessoas estressadas precisam de alguém capaz de ajudá-las; precisam de pessoas habilitadas e capacitadas para compreendê-las. Bater boca com pessoas com comportamento inconveniente é pura perda de tempo, é uma enorme bobagem. Goethe dizia que os homens sensatos são os melhores manuais de conversação.

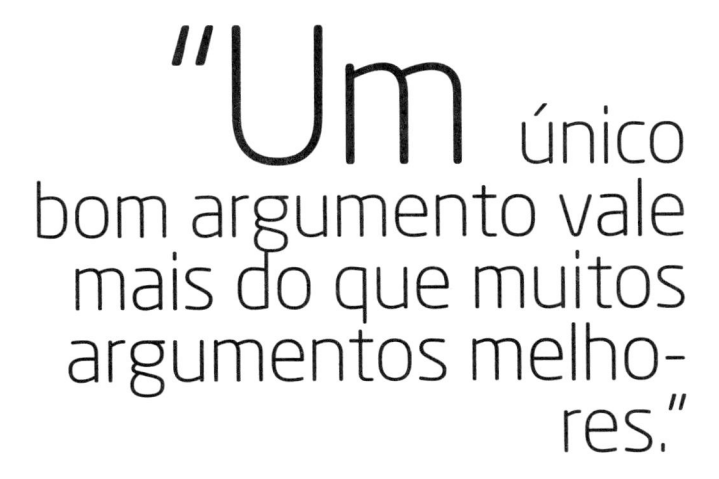

"Um único bom argumento vale mais do que muitos argumentos melhores."

(Tristan Bernard)

USO PROGRESSIVO DA FORÇA NO GPCI

EM FÍSICA CLÁSSICA, FORÇA É AQUILO QUE PODE ALTERAR O ESTADO DE REPOUSO OU DE MOVIMENTO DE UM CORPO, OU DE-FORMÁ-LO. EM SEGURANÇA, QUANDO OBRIGADOS A INTERVIR SOBRE PESSOAS OU GRUPO DE PESSOAS, REDUZIMOS OU ELIMINAMOS SUA CAPACIDADE DE AUTO DECISÃO...

No GPCI é quando a simples Presença Física, "aborta a intenção de uma atitude inconveniente", ou mesmo, "elimina um comportamento inconveniente", ou seja, o provável transgressor desiste da sua intenção de comportar-se de maneira inconveniente, em razão da Sensação de Segurança transmitida; e também quando o provável transgressor melhora o seu comportamento não insistindo naquela atitude inconveniente. Resumindo, é quando numa intervenção compulsória, de uma forma ou de outra, impedimos pessoas, ou grupos de pessoas a prosseguir com a intenção de comportar-se de forma inconveniente ou, por algum motivo, decidiram contrariar Normas e Diretrizes de Segurança predefinidas ou mesmo a própria Lei.

O **Nível do Uso da Força** são as opções de força que eu seleciono, em resposta ao nível de submissão da pessoa com comportamento inconveniente; consequentemente, o Nível de Força a ser utilizado deve ser proporcional ao Nível de Resistência Oferecido. É definido na teoria como sendo a modalidade da força por nós utilizada, variando da nossa simples Presença, funcionando como inibidor de uma atitude inconveniente, até o Uso de Armas Não Letais e Técnicas de Traumatização com Armas Brancas e, em casos extremos, dentro da lei, o uso de armas convencionais letais como último recurso para defesa própria, protegendo nossa incolumidade física, bem como a de terceiros.

Vimos que quando minimizamos ou eliminamos a capacidade de auto decisão de uma pessoa ou grupo de pessoas, através de uma intervenção obrigatória, chamamos de "Força". Mais adiante vamos estudar detalhadamente cada modalidade da força, cada Nível do Uso da Força utilizada, lembrando que, o Uso Progressivo da Força é uma forma de orientar os cidadãos a respeito dos mais diversos "fatores de autoridade", da sua utilização ou não, do tipo de força e das possíveis reações, com relação às atitudes de um sujeito com comportamento inconveniente. Sabemos que não estamos livres de vivermos as hipóteses em questão; podemos a qualquer momento protagoniza-las. Assim, inteligência, equilíbrio emocional e qualidade comportamental, são necessidades estratégicas. Este é um assunto pertinente a todos aqueles que lidam com pessoas, independentemente da profissão que exercem, da vida que levam, do esporte que praticam; todavia, tratando-se de um Profissional de Segurança, é necessário que este cumpra o seu dever legal, sua missão, sem provocar danos aos Direitos das pessoas; direitos estes garantidos por Lei.

Sabemos que conhecer a teoria do GPCI não é suficiente para gerenciarmos comportamentos inconvenientes; da mesma forma, conhecer o caminho da vitória não significa que seremos vitoriosos. Mesmo que nós tenhamos consciência da importância da atividade física para que conquistemos plena saúde física e mental, não significa que conseguiremos conquista-la, pois, é necessário que abdiquemos horas de repouso, de diversão, de estudo, enfim, de atividades também importantes. É preciso que derramemos nosso sangue, suor e lágrimas no treinamento prático, ou seja, pratiquemos exaustivamente toda a teoria, e isso, definitivamente, não é fácil.

Nossa missão, nosso desafio, é Administrar Conflitos e Problemas, pois sabemos que segurança é prevenção. Esta palavra **"administrar"**, para nós, significa **"adotar medidas e atitudes preventivas"**; assim, devemos vigiar o tempo todo com o intuito de perceber atitudes inconvenientes que podem gerar **"Conflitos e Problemas"**, desta forma, "Adotaremos Medidas e Atitudes Preventivas" para que os "Conflitos e Problemas" por nós projetados, não aconteçam. Muitas vezes nos veremos diante de um "Conflito";

neste caso "Adotaremos Medidas e Atitudes Preventivas" para que o "Conflito" não se torne um "Problema"; entretanto, algumas vezes nos depararemos com um "Problema", neste caso devemos "Adotar Medidas e Atitudes Preventivas" para que o "Problema" não piore, para que não vire uma crise, não se torne um escandalo; pois não existe nada no mundo que não possa ficar ainda pior.

Mais a frente, estudaremos com mais detalhes quatro estratégias básicas utilizadas por um filósofo chinês chamado Sun Tzu:

....
1. *Posicionamento Superior (Presença Física);*

....
2. *Diplomacia (Verbalização I);*

....
3. *Uso da Força da Lei (Verbalização II);*

....
4. *Ataque (Força Letal).*

Entretanto, é pertinente enfatizar que existem situações onde as "Estratégias", Presença Física, Verbalização e Controle de Contato, não são suficientes para Administrarmos determinados Conflitos e Problemas; o uso de uma **"Arma Branca"**, um verdadeiro absurdo, e o de uma **"Arma de Fogo"**, uma insanidade, uma demência; não cabendo naquele momento avaliarmos a competência de quem está tentando gerenciar aquele **"comportamento inconveniente"**, mas o resultado obtido em razão de uma **"reação mais enérgica"**. A opinião pública e a mídia com certeza absoluta não perdoariam uma reação descomedida, ou seja, uma reação sem usar a força de forma progressiva. Assim, o Uso de **"Técnicas de Submissão"** torna-se uma necessidade, pois preenche esta lacuna existente. É importante essa colocação, pois, não podemos ser vistos como "despreparados inconsequentes". De alguma forma o uso de "Técnicas de Submissão", que é um dos níveis de uso da força, proporciona mais uma possibilidade de decisão. O uso adequado protege vidas humanas, inclusive a nossa. É necessário nos situarmos sempre neste contexto para que possamos cumprir o nosso dever legal, nossa missão, sem, contudo, provocar danos aos Direitos das pessoas.

"Quem não compreende um olhar tampouco há de compreender uma longa explicação".

Provérbio Árabe

PRINCÍPIOS BÁSICOS SOBRE O USO DA FORÇA

PRINCÍPIO DA LEGALIDADE

A palavra legalidade significa qualidade, caráter ou condição do que é legal, do que está de acordo com a lei; o Princípio da Legalidade é um princípio jurídico fundamental que estabelece não existir delito fora da definição da norma escrita na lei e nem se pode impor uma pena que nessa mesma lei não esteja já definida. "ninguém é obrigado a fazer ou deixar de fazer alguma coisa senão em virtude de lei".

Na verdade existe uma relativa liberdade do povo, que pode fazer de tudo, menos o que a lei proíbe. O Princípio da Legalidade é a garantia vital de que a sociedade não está presa às vontades particulares, às vontades pessoais, dos seus governantes.

Devemos sempre buscar um fundamento legal para todas as nossas decisões, atitudes e linhas de ação. Desta forma, conhecer a Lei e as Normas e Diretrizes do ambiente em que atuamos, são fatores fundamentais para que tenhamos respaldo, credibilidade e, principalmente, o apoio da opinião pública.

PRINCÍPIO DA NECESSIDADE

Princípio segundo o qual as nossas decisões, atitudes e linhas de ação somente serão legítimas quando for real o conflito, ou seja, quando efetivamente não for possível estabelecer um modo de convivência simultânea dos direitos fundamentais sob tensão.

A necessidade está relacionada ao fato de ser a "medida restritiva de direitos" fundamental à preservação do próprio direito por ela diminuído ou reduzido a limites mais estritos.

Devemos sempre analisar, avaliar e fazer um estudo de situação para tentarmos estabelecer um modo de convivência; devemos sempre verificar se existem outras possibilidades menos danosas; não sendo possível, o Princípio será legítimo, pois o conflito é real. Vale esclarecer que Propugnar significa Defender lutando, Pelejar, Lutar por...

Princípio da Proporcionalidade

Analisando terminologicamente, a palavra Proporcionalidade dá uma conotação de proporção, adequação, medida justa, prudente e apropriada à necessidade exigida pelo caso presente. Neste sentido, tal princípio tem como escopo evitar resultados desproporcionais e injustos.

Ao tomarmos uma decisão devemos sempre evitar resultados desproporcionais e injustos; para isso é fundamental que usemos sempre o bom senso e o discernimento nos momentos de decisão. Vale ressaltar que o uso desproporcional da força caracteriza excesso de poder ou abuso de autoridade. No ano de 1791, na França, um jurista de nome **Jellinek**, durante um Simpósio sobre Direito de Polícia, disse: **"Não se abatem pardais disparando canhões"**; após, retirou-se da mesa onde discursava sobre o fim do Estado de Polícia e o advento do Estado de Direito. Acredito que devamos seguir as mesmas linhas de ação do Jurista Jellinek.

PRINCÍPIO DA CONVENIÊNCIA

É essencial que tenhamos consciência das nossas atitudes e, principalmente consciência das consequências dos nossos atos; assim, decisões do tipo:

O que usar? É conveniente?

Onde usar? É conveniente?

Como usar? É conveniente?

Em quem usar? É conveniente?

Quando usar? É conveniente?

Porque usar? É conveniente?

São fundamentais e estão dentro deste princípio. Cabe lembrar que Iniciativa, bom senso e discernimento são características que não podem ser desprezadas por aqueles que lidam com seres humanos; sem elas é impossível decidir corretamente, e este tipo de decisão precisa ser sempre impecável.

Sabemos que o mundo gira, o avanço tecnológico é um fato e nós evoluímos ou não à medida que, de alguma forma, fazemos nossas escolhas. Nós, seres humanos, tomamos decisões e fazemos opções diárias, das mais simples as mais complexas. Nossas escolhas são sementes que plantamos em nós mesmos; somos um terreno fértil. Podemos escolher o que plantamos, entretanto, somos obrigados a colher aquilo que plantamos. Somos livres, nascemos livres, mas, nossa liberdade não é uma árvore que nasce pronta; é uma semente que precisa ser plantada; não podemos guardá-la no bolso.

Colhemos o que Plantamos

A Bíblia diz que, se o grão de trigo não morrer, ele não produz. E é uma verdade, pois, quando plantamos abrimos uma cova e enterramos a semente, é a morte da semente; só assim ela germinará e produzirá. Entretanto, vale lembrar que dá um trabalho enorme plantar. Precisamos revolver a terra para que haja oxigenação, precisamos adubar, aguar, verificar a acidez da terra e equilibrá-la, e isso tudo dá muito trabalho; contudo, é fundamental entendermos que depois de tudo isso, ainda precisamos de muita paciência, pois, é necessário que tenhamos cuidados especiais diários, como aguar, eliminar pragas e ervas daninhas para que a planta cresça forte e saudável. Aí sim, um dia ela transformar-se-á numa árvore frondosa, com frutos agradáveis aos nossos olhos. Acontece que, dependendo da escolha, da decisão, os resultados podem ser os mais variados, e as consequências um verdadeiro desastre. Os frutos poderão não ser agradáveis aos nossos olhos, entretanto, seremos obrigados a colhê-los.

É preciso que não nos esqueçamos de que sempre existirá um "Feedback de Compensação". Somos livres;

entretanto nossas escolhas do dia a dia, nossas decisões diárias podem comprometer os nossos objetivos mais profundos. Podemos escolher acordar cedo ou ficar na cama embrulhado num edredom ouvindo inconscientemente a chuva que escorre pelo telhado; podemos sorrir com um bom dia ou simplesmente ficar calado e emburrado; podemos assistir àquele programa de televisão ou não; ler aquele livro ou ligar o computador e ficar numa sala de bate papo; iniciar aquele programa de treinamento físico ou fechar a boca; sacar o revólver ou usando empatia, pedir desculpas pelo transtorno; podemos também fazer um MBA ou tomar cerveja com os amigos; enfim, somos livres. Só não podemos nos esquecer de que essas "escolhas superficiais" comprometem as nossas "escolhas mais profundas". Ficar na cama pode significar a perda do emprego; assistir aquele programa de televisão pode influenciar numa mudança de comportamento para melhor ou pior; sacar o revólver pode significar a perda da sua liberdade; tomar aquela cerveja pode significar a perda da sua família; proceder daquela forma pode significar a perda de um amigo; e assim vai... Certo?

Bom... É preciso muita sabedoria para escolher fazer aquilo que nos fará bem; não um bem momentâneo que normalmente procuramos de forma equivocada, mas um bem que nos trará a verdadeira "paz". É verdade que nem tudo o que escolhemos é o certo, somos seres humanos e erramos muito, mas é necessário que aprendamos com os nossos próprios erros. Vale lembrar que quando o assunto é "Segurança" nem sempre teremos a oportunidade de aprender com os nossos próprios erros, pois podem ser fatais; assim é necessário que sejamos inteligentes e aprendamos, principalmente, com os erros dos outros. Sun Tzu dizia "Se queres a paz prepara-te para a guerra"; acredito que a palavra chave seja "prepara-te". De nada adianta armas poderosas se não formos preparados para usá-las. Assim, é necessário que nos preparemos dia após dia para que nossas escolhas superficiais sejam coerentes com as nossas escolhas mais profundas.

Estamos tendo a oportunidade de poder optar por uma Ação de Gerenciamento Progressivo de Comportamento Inconveniente; é necessário que nos preparemos para esta escolha. Certa vez li que não fazemos a planta crescer, apenas criamos um ambiente favorável para que ela cresça. A planta cresce sozinha, só Deus conhece este segredo; nós simplesmente criamos um ambiente favorável ao crescimento. Da mesma forma, as pessoas também crescem sozinhas; mas, é necessário que criemos sempre ambientes favoráveis, para que elas possam crescer fortes e saudáveis.

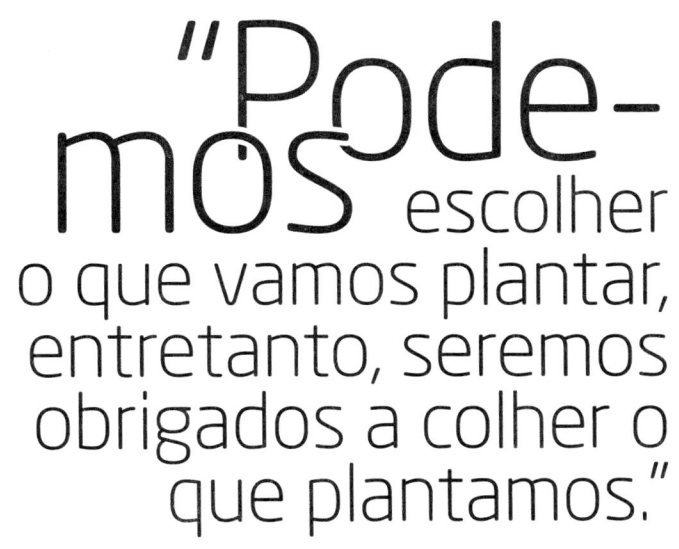

"Podemos escolher o que vamos plantar, entretanto, seremos obrigados a colher o que plantamos."

NÍVEIS DE FORÇA

MAIS UMA VEZ É PERTI-
NENTE CITAR O JURISTA
JELLINEK QUE NO ANO
DE 1791, NA FRANÇA, DURANTE UM SIM-
PÓSIO SOBRE DIREITO DE POLÍCIA, DISSE:
**"NÃO SE ABATEM PARDAIS DISPA-
RANDO CANHÕES"**; APÓS, AUSENTOU-
-SE DO EVENTO ONDE PALESTRAVA SOBRE
O FIM DO ESTADO DE POLÍCIA E O AD-
VENTO DO ESTADO DE DIREITO.

Há 2500 anos, um filósofo chinês chamado Sun Tzu aplicava suas estratégias utilizando, já naquela época, "Níveis de Força". Existe uma afirmativa no mínimo polêmica quando analisada por leigos. Trata-se do seguinte: "Se formos obrigado a usar Técnicas de Traumatização num Gerenciamento de Comportamento Inconveniente é porque falhamos ou fomos incompetentes; entretanto, se não usarmos, permitindo assim um agravamento da situação com o comprometimento da segurança, merecemos severas críticas e, se estivermos trabalhando como Profissionais de Segurança, demissão por justa causa".

É claro que, se não houver uma perfeita sintonia e entendimento dos conceitos básicos de segurança e filosofia de Artes Marciais, fica difícil aceitar "tamanha incoerência"; contudo, é simples de se entender, pois, quando um não quer, dois não brigam. Se estivermos bem preparados emocionalmente e tecnicamente, certamente conseguiremos administrar usando estratégias, psicologia e inteligência emocional. Sun Tzu aplicava Níveis de Força com resultados extraordinários.

Como já vimos, são quatro os Níveis de Força que Sun Tzu usava há 2500 anos:

....
     1- Posicionamento Superior;

....
     2- Diplomacia;

....
     3- Uso da Força da Lei como Ameaça;

....
     4- Ataque.

Passados mais de 2500 anos, a ONU desenvolveu seis Níveis de Força considerados como padrão internacional.

Modelo Básico do UPF - Padrão Internacional (ONU)		
Nível	Profissional de Segurança	Suspeito
I	Presença Física	Normalidade
II	Verbalização	Cooperativo
III	Controle de Contato	Resistência Passiva
IV	Técnicas de Submissão	Resistência Ativa
V	Táticas Defensivas Não Letais	Agressão Não Letal
VI	Força Letal	Agressão Letal

Entretanto, Profissionais de Segurança Privada, por não serem policiais, por não terem Poder de Polícia, estrategicamente, usam sete Níveis de Força. Tal fato é devido a subdivisão da Verbalização em dois Níveis de Força, seguindo àquele modelo praticado por Sun Tzu há 2500 anos (**Verbalização I** ou Diplomacia e **Verbalização II** ou Uso da Força da Lei como ameaça).

Comparativo (Padrão Internacional x Sun Tzu)		Modelo Básico do UPF Segurança Privada	
Padrão Internacional	Sun Tzu	Padrão Segurança Privada	Nível
Presença Física	Posicionamento Superior	Presença Física	I
Verbalização	Diplomacia	Verblização I	II
	Uso da Força da Lei como Ameaça	Verbalização II	III
Controle de Contato		Controle de Contato	IV
Técnicas de Submissão		Técnicas de Submissão	V
Táticas Defensivas Não Letais	Ataque	Táticas Defensivas Não Letais	VI
Força Letal		Força Letal	VII

60

NÍVEL I - PRESENÇA FÍSICA
Posicionamento Superior

Nível I significa **"atitude submissa cooperativa"**, especificamente nesta fase, usaremos nossa **"força de presença"**. A primeira estratégia usada no Gerenciamento Progressivo de Comportamento Inconveniente é a "Presença Física"; no GPCI, posicionar-se de forma superior tem relação direta com Sensação de Segurança, Força de Presença e Imagem (estereótipo). Segundo Sun Tzu,

....
"Não devemos jamais confiar na possibilidade do inimigo não vir, mas na nossa competência técnica de recebê-lo, tornando nossa posição invulnerável".

Os guerreiros antigos colocavam-se primeiro fora da possibilidade de derrota; depois esperavam a oportunidade de derrotar o inimigo.

Devemos nos posicionar de forma que todos nos vejam diretamente e percebam imediatamente nossa presença forte; é como se estivéssemos sob a luz de um holofote, mas, apesar da imagem marcante, devemos ser profissionalmente discretos. Sensação de Segurança e Força de Presença é mais ou menos igual a um leão; observem que o leão está lá, tranquilo, na dele, calmo, sereno e sossegado; todavia, é um leão. Todos sabem que é um leão. Ninguém se mete a besta com ele, sabem por quê? Porque é um leão. Ele não precisa plantar bananeira, tampouco fazer piruetas ou algo mirabolante. Basta ser o que é; um leão. Deu pra entender? Acho que é pertinente enfatizar este assunto com algumas perguntas: Quem é mais forte, o leão ou o elefante? A resposta é óbvia; é claro que é o elefante. Assim, partimos para a segunda pergunta: Então porque o leão é o rei dos animais? Porque o rei não é o elefante? Talvez a resposta mais próxima da verdade seja a seguinte: Quando o leão olha para o elefante, enxerga comida, pois o leão é carnívoro; ao contrário, o elefante enxerga um predador, pois é herbívoro.

Sun Tzu também pregava que:

....

"A garantia de não sermos derrotados está em nossas próprias mãos, porém a oportunidade de derrotar o inimigo é fornecida pelo próprio inimigo";

Assim nós podemos saber como proceder, como agir, como fazer, para conquistar a vitória sem, contudo termos capacidade para tal. Sun Tzu prossegue:

....

"A garantia contra a derrota implica em táticas defensivas; a capacidade de derrotar o inimigo significa tomar a ofensiva. Manter-se na defensiva indica força insuficiente; atacar, uma superabundância de força".

Posicionamento superior é realmente Presença Física; é quando exercemos a autoridade que realmente possuímos, mas conscientes de que nossa autoridade é limitada; assim, usamos a "Força de Presença" para inibir possíveis atitudes inconvenientes. Estrategicamente, nestes casos, é necessário que sejamos curtos mas, extremamente educados.

Sabemos que **"o mérito supremo consiste em quebrar a resistência do inimigo sem lutar"**; assim, quando um indivíduo predisposto a arrumar problemas, percebe a extrema dificuldade de prosseguir com a sua intenção insana, normalmente desiste. Abortar uma ideia maluca é uma boa rota de fuga.

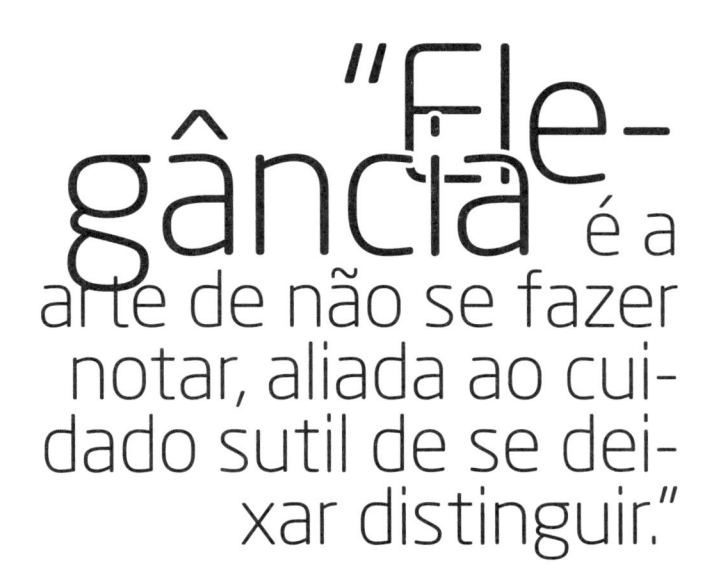

"Elegância é a arte de não se fazer notar, aliada ao cuidado sutil de se deixar distinguir."

Paul Valéry

Diplomacia

Nível II significa "atitude submissa passiva", percebam que ainda estamos no nível II, mas avançamos um pouco, fazendo agora uso de "comandos verbais". A segunda estratégia é a Diplomacia. No GPCI, ser diplomata tem relação direta com Poder de Convencimento, Poder de Persuasão, Abordagem, Verbalização, Fluência Verbal, Argumentação, etc. A parábola a seguir, certamente, irá nos ajudar a entender esta estratégia com mais simplicidade.

Verdade e Parábola

Um dia, a Verdade decidiu visitar os homens, sem roupa e sem adornos, tão nua como seu próprio nome. E todos que a viam lhe viravam as costas de vergonha ou de medo, e ninguém lhe dava as boas-vindas. Assim, a Verdade percorria os confins da Terra, criticada, rejeitada e desprezada. Uma tarde, muito desconsolada e triste, encontrou a Parábola, que passeava alegremente, trajando um belo vestido e muito elegante. — Verdade, por que você está tão abatida? Perguntou a Parábola.

> — Porque devo ser muito feia e antipática, já que os homens me evitam tanto! Respondeu a amargurada Verdade.
>
> — Que disparate! Sorriu a Parábola. — Não é por isso que os homens evitam você. Tome. Vista algumas das minhas roupas e veja o que acontece. Então, a Verdade pôs algumas das lindas vestes da Parábola, e, de repente, por toda parte onde passava era bem-vinda e festejada.

Nós, seres humanos, nem sempre gostamos de encarar a Verdade sem adornos. Preferimos na maioria das vezes, que ela esteja disfarçada. Quando verbalizamos, é fundamental que a Verdade esteja sempre presente. Uma abordagem diplomática, evita e elimina inúmeros problemas. Uma abordagem eficiente é sempre recheada de autoridade e verdade, com uma cobertura total de extrema educação, e com as lindas vestes da parábola. Estamos carecas de saber que a primeira impressão é a que fica, e que nós nunca teremos uma segunda chance de causar uma primeira boa impressão, assim, é fundamental que nossa abordagem seja impecável, a ponto de não permitir que o inconveniente consiga ponderar, contra argumentar.

Estamos tratando de "diplomacia"; nosso objetivo é que você tenha total consciência da importância deste assunto, e sua relevância para que consigamos êxito no gerenciamento de comportamento inconveniente de pessoas estressadas. Percebam que não prestar atenção às normas e diretrizes, às leis, aos problemas do planeta, às pessoas necessitadas, é uma maneira inconveniente de se comportar; assim, nesses casos, podemos mudar o comportamento das pessoas usando nossa sensibilidade. Percebam que em alguns casos, nem precisamos emitir sons; bastam sinais, gestos, textos... Vejamos o relato de um vídeo do You Tube:

O cego

Era realmente um lindo dia. Havia um "velho cego" sentado sobre uma velha toalha, e ao seu lado, sobre aquele pano surrado, uma lata velha que implorava silenciosamente algumas míseras moedas. O tintilar do metal tornava-se cada vez mais raro. As pessoas passavam alegres, sorriam, quase o atropelavam, mas, não o percebiam; tampouco enxergavam aquele que não enxergava, mas, as percebia.

Havia também um velho cartaz que dizia:

"Sou cego, ajude-me!"

Mas, quase ninguém o ajudava.

Finalmente alguém o percebeu; uma mulher parou, sentiu compaixão e através de uma oração, re-

fletiu, pegou sua caneta e acrescentou algo naquele velho cartaz. O velho não a viu, mas através da audição e do olfato, pode percebê-la tocando os seus belos sapatos. A partir do que ela escreveu, tudo mudou. Todos, inexplicavelmente, começaram a enxergá-lo e a ajudá-lo.

Intrigado, mas feliz, tinha esperança de reencontrar a responsável por toda aquela mudança. No dia seguinte, no mesmo horário, ouviu o toc toc dos saltos e sentiu o mesmo perfume e, sem hesitar, confirmou com o seu tato tocando e reconhecendo a dona daqueles belos sapatos. Que milagre você fez? Mais que depressa perguntou.

"Apenas acrescentei algo no seu cartaz", *disse sorrindo.*

É o poder das palavras, e acredite, através de um bom diálogo, com diplomacia, usando as palavras certas, podemos sensibilizar e conscientizar as pessoas, evitando assim muitos transtornos no nosso dia a dia.

Quando, por algum motivo, não conseguirmos reverter a intenção do indivíduo predisposto a arrumar problemas; ou melhor, quando o nosso Posicionamento Superior (Presença Física) não for suficientemente eficaz e eficiente para inibir aquele comportamento inconveniente, devemos iniciar imediatamente a segunda estratégia; entretanto, devemos ter sempre em mente que a "Diplomacia" precisa estar respaldada e ancorada pelo "Posicionamento Superior".

Devemos nos lembrar sempre que o uso da "Diplomacia" deveu-se a uma "falha" na aplicação da primeira estratégia (Posicionamento Superior). Reiteramos que a Diplomacia tem relação direta com o nosso Poder de Convencimento, ou seja, a nossa competência de convencer pessoas. Quando lidamos com "gente", precisamos, na abordagem que realizamos, ser verdadeiros diplomatas, "cavalheiros" e, simultaneamente, através do nosso sentimento, tentar perceber se existe algo que possa fundamentar aquela atitude.

É bobagem tentar um "diálogo consistente" com uma "pessoa descompensada"; é descabido, não é possível; assim, tentamos um "diálogo técnico", de forma objetiva e extremamente educada.

Abaixo, no nosso momento de descontração, veremos que o "Domínio do Conhecimento" e a "Riqueza de Vocabulário" do grande jurista, escritor, poeta e diplomata Rui Barbosa, foi, "sem intenção", eficiente na administração daquele comportamento inconveniente. É claro que trata-se apenas de uma brincadeira, não precisamos exagerar, mas, é pertinente a estória para que possamos valorizar cada vez mais a nossa fluência verbal e, consequentemente, o nosso Poder de Convencimento.

Riqueza de Vocabulário

Diz a lenda que Rui Barbosa, ao chegar em casa, certo dia, ouviu um barulho estranho vindo do seu quintal. Foi averiguar e constatou haver um ladrão tentando levar seus patos de criação. Aproximou-se vagarosamente do indivíduo e, surpreendendo-o ao tentar pular o muro com seus patos, diplomaticamente, disse-lhe:

- Oh, bucéfalo anácrono!!!...Não o interpelo pelo valor intrínseco dos bípedes palmípedes, mas sim pelo ato vil e sorrateiro de profanares o recôndito da minha habitação, levando meus ovíparos à sorrelfa e à socapa. Se fazes isso por necessidade, transijo; mas se é para zombares da minha elevada prosopopeia de cidadão digno e honrado, dar-te-ei com minha bengala fosfórica, bem no alto da tua sinagoga, e o farei com tal ímpeto que te reduzirei à quinquagésima potência que o vulgo denomina nada.

E o ladrão, confuso, diz:

- Dotô, resumino... Eu levo ô dexo os pato???...

É óbvio que trata-se de uma brincadeira, não precisamos exagerar; assim, retomando o assunto, Verbalização – Nível 02, Diplomacia, chegamos a seguinte conclusão:

É necessário que durante a abordagem, de alguma forma, consigamos tirar o indivíduo com comportamento inconveniente daquele terreno que ele já conhece e domina, e levá-lo para o desconhecido. É também necessário que estejamos sempre esperando o melhor, contudo, preparados para o pior; se o pior não acontecer, é lucro.

É preciso que aliado ao bom senso e discernimento tenhamos o Domínio do Conhecimento, ou seja, que dominemos por inteiro, o assunto que nos predispomos a tratar com a pessoa que apresenta um comportamento inconveniente. Por exemplo, um pai desesperado tenta entrar no CTI de um hospital, a qualquer custo. Encontra-se nitidamente descompensado e estressado, em virtude de um acidente automobilístico envolvendo o seu filho. Neste momento é interpelado por um profissional de segurança despreparado que faz uma abordagem arrogante e prepotente. Você conseguiria projetar o feedback de compensação dessa atitude infeliz? Imaginem as hipóteses desastrosas e suas inevitáveis consequências. Ao contrário, mesmo diante de um grande problema, se fizermos uma boa abordagem técnica, teremos enormes chances de sucesso. Por exemplo:

....
"Bom dia senhor, perdoe-me, não quero importuná-lo, mas, posso ajudá-lo?"

....

"Bom dia senhor, perdoe-me, mas sua preocupação é facilmente percebida, posso ajudá-lo?"

Uma abordagem com autoridade, porém cautelosa e com extrema educação é sempre bem vinda, pois, comportamento gera comportamento. Contudo, na hipótese de uma resposta impulsiva e grosseira, devido ao estresse; estar preparado para o pior é fundamental para que consigamos êxito no gerenciamento. Por exemplo:

....

"Não me torre o saco. Meu filho sofreu um acidente e está aí dentro; você pode me ajudar saindo da minha frente."

Percebam que se nós estivermos preparados para essas respostas agressivas, nossas chances de sucesso no gerenciamento aumentam significativamente. Por exemplo:

....

"Senhor perdoe-me, este local é reservado. Entendo perfeitamente sua preocupação, mas, o seu filho está recebendo todo o apoio".

....

"Senhor perdoe-me, este local é restrito à equipe médica. O seu filho está com os melhores médicos".

....

"Senhor perdoe-me, o ambiente é esterilizado; o senhor precisa preparar-se para não contaminar e prejudicar o seu próprio filho."

Quando nós dominamos um determinado assunto, automaticamente adquirimos o poder de convencimento, ou seja, temos mais facilidade para convencer o indivíduo inconveniente, fazê-lo cair na real, temos mais capacidade de persuasão. É também necessário que saibamos aplicar com sabedoria todo o conhecimento técnico adquirido. Sabemos que empatia é sentir o que se sentiria caso estivesse no lugar ou circunstância experimentada por outra pessoa, assim, colocando-nos no lugar do "inconveniente", seremos capazes de saber o que falar ou como deveremos proceder para conseguir o que estrategicamente queremos. Uma abordagem técnica bem feita é, sem dúvida, capaz de reduzir o nível de estresse e provocar uma mudança nos planos do abordado. **Einstein** dizia que **"A imaginação é uma visão antecipada das atrações da vida que virá"**. Assim, podemos através da imaginação, provocar mudanças nos planos das pessoas; basta que saibamos usar a nossa imaginação no processo de verbalização, ou seja, quando estivermos gerenciando situações difíceis. Diante do assunto, lembramo-nos de um texto que recebemos de um amigo.

A desculpa do Ano

O sujeito finalmente conseguiu realizar o seu sonho de comprar um Audi A6 3.8T, automático, conversível e blá, blá, blá ...

Então, numa bela tarde, se mandou para uma autoestrada para testar toda a capacidade da 'belezura'.

Capota abaixada, o vento na cara, o cabelo voando, resolveu ir fundo!

Quando o ponteiro estava chegando nos 120, ele viu que um carro da Polícia Rodoviária o perseguia com a sirene a mil e as luzes piscando.

- **Ah, mas não vão alcançar este Audi de jeito nenhum** - pensou e atolou o pé no acelerador. O ponteiro foi pros 140, 160, 200, 220... E a patrulha atrás.

"Que loucura", pensou; então, resolveu encostar.

O guarda veio, pediu os documentos, examinou o carro e disse:

- **O meu dia foi insuportável, um dia muito duro; meu chefe já me mijou, meu filho adoeceu, minha sogra vai dormir lá em casa, já passou do horário do meu turno e eu não tô a fim de preencher a multa. Então, se você não for prolixo e me der uma boa desculpa; curta, precisa e concisa, que eu nunca tenha ouvido, para dirigir desta maneira, deixo você ir embora.**

E o sujeito emendou:

- **Na semana passada, minha mulher fugiu com**

"As pessoas que vencem neste mundo são as que procuram as circunstâncias de que precisam e, quando não as encontram, as criam."

Bernard Shaw

NÍVEL III - VERBALIZAÇÃO II
Uso da Força da Lei como Ameaça

Nível III significa **"atitude de resistência passiva"**, consequentemente, usamos uma linguagem mais forte, recheada de autoridade. A terceira estratégia, nível III, é a Verbalização II. Talvez possa parecer uma colocação forte, mas, seria uma espécie de eufemismo para ameaça, repressão, sujeição, etc., enfim, uma forma sutil de obrigar alguém a fazer algo... . Para nós algo que esteja de acordo com a lei, com as normas e diretrizes pré-definidas. Com certeza a consequência, caso a pessoa não corresponda à solicitação, vai subentendida.

Marcas de Batom no Banheiro...

Numa escola pública estava ocorrendo uma situação inusitada: uma turma de meninas que usavam batom, todos os dias beijavam o espelho para remover o excesso de batom. O diretor andava bastante aborrecido, porque o zelador tinha um trabalho enorme para limpar o espelho ao final do dia. Mas, como sempre, na tarde seguinte, lá estavam as mesmas marcas de batom...

Um dia o diretor juntou o bando de meninas na sala de aula e explicou pacientemente que era muito complicado limpar o espelho com todas aquelas marcas que elas faziam. Fez uma palestra de uma hora. No dia seguinte as marcas de batom no banheiro reapareceram.

No outro dia, a mesma coisa e nada. E no outro, no outro, no outro... e nada. Um belo dia, o zelador foi até o diretor e disse-lhe que sabia como convencer as meninas. Pediu ao diretor que reunisse o grupo de meninas no banheiro, para que ele demonstrasse a dificuldade do trabalho. O diretor descrente atendeu ao pedido. O zelador humildemente pegou um pano de chão, molhou no vaso sanitário e limpou as marcas de batom no espelho.

Nunca mais apareceram marcas no espelho!

Moral da história: Há professores e há educadores... Comunicar é sempre um desafio! As vezes precisamos usar métodos diferentes para alcançar certos resultados.

Usar a força da lei como ameaça não necessáriamente é uma ameaça direta. Não se trata de cerrar os punhos, nem posicionar-se de forma agressiva, mas sim usar inteligência emocional, psicologia, estratégias, e qualidades de comportamento; enfim, "Verbalização". Muitas vezes a "verbalização" só funciona se usarmos um pouco de "psicologia", pois, existem situações que exigem que nós sejamos apenas professores, contudo, existem situações que exigem que nós sejamos e atuemos como educadores, como visto no texto, que recebemos do professor Isidoro.

Quando mais uma vez não se consegue reverter a intenção do indivíduo predisposto a arrumar problemas, não sendo portanto suficientemente eficiente e eficaz no uso da diplomacia, aplica-se imediatamente a terceira estratégia. Exemplos:

....

"Senhor, preciso alertá-lo; caso o senhor tome esta decisão, infelizmente, serei obrigado a acionar a polícia";

....

"Senhor, seria bastante desagradável para todos nós, perdermos a noite numa Delegacia Policial";

....

"Senhor, perdoe-me, mas sua escolha pode levá-lo a um Processo Criminal; iria nos custar muitas horas com esclarecimentos e depoimentos intermináveis numa Delegacia Policial";

....

"Senhor, eu não vou impedi-lo de entrar; mas, perceba que as imagens estão sendo gravadas";

....

"Senhor, perdoe-me, caso tome essa atitude, o resultado é processo criminal; é demissão por justa causa, o senhor realmente quer isso?";

....

"Sei que o senhor é uma pessoa de bem, não permita que uma atitude impensada prejudique-o; deixe-me ajudá-lo senhor".

O simples fato de, durante a abordagem, olhar para as câmeras e fazer um sinal discreto que está tudo sob controle, usar o rádio ou telefone para informar claro, alto e em bom tom que a abordagem está sendo realizada; demonstrar que existem outros profissionais atentos e em condições de reagir, fazê-lo perceber que a lei está do nosso lado e será aplicada se houver necessidade e ainda que o tempo é um fator que não pode ser desprezado e nosso principal aliado; são estratégias de extrema importância para o sucesso do Gerenciamento Progressivo.

Lembro-me de um fato que me foi relatado, onde numa composição do Metrô, um "velho" metido a "Don Juan"; vocês conhecem alguém assim? Deliciava-se, encostando e olhando descaradamente as pernas de uma jovem. Incomodada com aquela situação, a jovem levantou-se e, com extrema educação, simpatia e gentileza disse: **"Perdoe-me senhor, pela minha falta de educação com os mais velhos. Não havia percebido a sua presença. Sente-se por favor".** A vergonha foi tanta que na primeira estação ele desembarcou e sumiu no meio da multidão. Talvez tenha aprendido a lição.

Percebam que é necessário fazer com que a pessoa inconveniente, de alguma forma, seja tocada e acorde de uma vez por todas. Isso realmente exige de nós muita habilidade.

Vale lembrar que o assunto que estamos tratando é Verbalização II, Nível III, mais especificamente o "Uso da Força da Lei como ameaça". O tema em questão pode e deve ser abordado das mais diversas formas. Recebemos do amigo Humberto Cordeiro, o texto abaixo e acreditamos que esta "estória" consiga, por si só, esclarecer e reforçar a essência deste assunto, com outro enfoque.

"Um Adevogado dus Bão..."

Dizem que aconteceu em Minas Gerais, em Ubá, cidade onde nasceu o genial compositor Ary Barroso. Na cidade havia um senhor, cujo apelido era Cabeçudo.

*Nascera com uma cabeça grande, dessas cujo boné dá pra botar dentro, fácil, fácil, uma dúzia de laranjas, mais uma melancia pequena. Mas fora isso, era um cara pacato, bonachão e paciente. Não gostava, é claro, de ser chamado de Cabeçudo, mas, desde os tempos do grupo escolar, tinha um chato que não perdoava. Onde quer que o encontrasse, lhe dava um tapa na cabeça e perguntava: **"Tudo bem Cabeçudo?"***

O Cabeçudo, já com seus quarenta e poucos anos, e o cara sempre zombando dele. Um dia, depois do milésimo "tapão" na sua cabeça, o Cabeçudo meteu a faca no zombeteiro e matou-o na hora. A família da vítima era rica; a do Cabeçudo, pobre. Não houve jeito de encontrar um advogado pra defendê-lo, pois o crime tinha muitas testemunhas. Depois de apelarem para advogados de Minas Gerais e do Rio de Janeiro, sem sucesso algum, resolveram procurar um tal de 'Zé Caneado', advogado que há muito tempo deixara a profissão, pois, como o próprio apelido indicava, vivia de porre.

Pois não é que o 'Zé Caneado' aceitou o caso? Passou a semana anterior ao julgamento sem botar uma gota de cachaça na boca! Na hora de defender o Cabeçudo, ele começou a sua defesa assim:

- Meritíssimo juiz, honrado promotor, dignos membros do júri.

Quando todo mundo pensou que ele ia continuar a defesa, ele repetiu:

- Meritíssimo juiz, honrado promotor, dignos membros do júri.

Repetiu a frase mais uma vez e foi advertido pelo juiz:

- Peço ao advogado que, por favor, inicie a defesa.

Zé Caneado, porém, fingiu que não ouviu e:

- Meritíssimo juiz, honrado promotor, dignos membros do júri.

E o promotor:

- A defesa está tentando ridicularizar esta corte!

O juiz:

- Advirto ao advogado de defesa que, se não apresentar imediatamente os seus argumentos...

Foi cortado por Zé Caneado, que repetiu:

- Meritíssimo juiz, honrado promotor, dignos membros do júri.

O juiz não aguentou:

- Seu moleque safado, seu bêbado irresponsável, está pensando que a justiça é motivo de zombaria? Ponha-se daqui pra fora, antes que eu mande prendê-lo.

Foi então que o Zé Caneado disse:

- Senhoras e Senhores jurados, esta Côrte che-

gou ao ponto em que eu queria chegar... - e continuou - Vejam que, se apenas por repetir algumas vezes que o juiz é meritíssimo, que o promotor é honrado e que os membros do júri são dignos, todos perdem a paciência, consideram-se ofendidos e me ameaçam de prisão..., pensem então na situação deste pobre homem, que durante quarenta anos, todos os dias da sua vida, foi chamado de Cabeçudo!

Cabeçudo foi absolvido e o Zé voltou a tomar suas cachaças em paz.

"Somente os que ousam falhar grandemente podem alcançar a grandeza."

Robert F. Kennedy

A estória que acabamos de ler, nos leva a uma profunda reflexão. Mais uma vez somos obrigados a falar de empatia, ou seja, sentir o que se sentiria caso estivesse no lugar ou circunstância experimentada por outra pessoa. Quando crianças, ouvimos muitas vezes as pessoas falarem que pimenta nos olhos dos outros é refresco. E é uma verdade. Não podemos sair julgando as pessoas sem antes avaliarmos qual seria a nossa resposta diante daquela situação. Entretanto, é importante deixar claro que não estamos fazendo apologia, incentivando, tampouco apoiando àquela atitude extrema de tirar a vida do outro. Devemos sim usar empatia com todos os "personagens" da estória, ou seja, devemos viver o personagem cabeçudo, o chato e rico zombeteiro, o Zé Caneado, o Juiz, o honrado promotor e os digníssimos membros do júri. Certamente aprenderemos bastante com cada um deles.

Algumas pessoas têm muita dificuldade em aceitar as limitações e as imperfeições das outras, principalmente quando o assunto é a imaturidade que as leva a vaidade, arrogância e prepotência. Muitas pessoas são arrogantes e vaidosas por serem imaturas, assim, ao percebermos a imaturidade, basta mudarmos o foco. A arrogância não pode nos abalar, a prepotência não pode nos levar ao desequilíbrio. É necessário que sejamos pacientes e tolerantes. Não podemos esperar que as pessoas hajam conosco sempre com maturidade. Muitos relutam em aceitar o processo de evolução natural das pessoas, ou seja, umas amadurecem mais cedo outras não. Assim, nos momentos críticos, diante de uma simples atitude imatura, tornam-se também imaturas e esbravejam:

"Aí meu irmão, baixa a bola, você não vai cantar de galo comigo; fica ligado."

Na verdade esperam que as pessoas sejam, simplesmente, perfeitas; o que é uma utopia. Na verdade esperam das pessoas um tipo de atitude que elas mesmas não possuem, esperam uma maturidade que não têm. É bastante normal ouvirmos, após conflitos absolutamente desnecessários, essas pessoas exprimirem-se aos berros o seguinte:

"O cara berrava e queria que eu falasse baixo?" Ou, **"Faça o que eu mando, mas não faça o que eu faço."** Ou ainda, **"O cara está ali pra que? Arrumar encrenca com os outros?"**.

Aprendi no Curso de Gestão de Pessoas que **"O cliente tem sempre razão"**. Esta é a regra número um, e, caso não tenha, a regra de número dois diz: **"Caso o cliente não tenha razão, retorne a regra número um"**. Portanto, nas situações acima descritas, quando uma pessoa estiver gritando, com raiva, furiosa, indignada, tente ouvi-la. Use a diplomacia, deixe-a se expressar; use e abuse da empatia, do seu poder de persuasão, de convencimento. Questione, mas com cautela; tente entender os motivos que a levaram àquela indignação. Quanto mais perguntas você fizer de forma equilibrada e com qualidade de comportamento, melhor; certamente você observará uma redução no volume de voz.

Esteja sempre focado na razão da indignação; a tendência é que esqueçamos a razão da indignação e nos concentremos na forma como ela está sendo expressa; este é um erro fatal, pois, se permitirmos, a chances de também perdermos o equilíbrio são enormes.

Procure sempre entender o que a pessoa pensa ser "injusto", ou acredita ser uma "tremenda sacanagem", ou ainda acredita que seja "errado". Ela pode estar sinceramente equivocada, portanto, cabe a você convencê-la. Você não é obrigado a concordar com a pessoa, talvez a pessoa esteja com a visão distorcida, mas o propósito é apenas um; ouvi-la. Se ela acha que está sendo injustiçada, ou que está sendo enganada, ou ainda que você não queira ouvi-la, a indignação não desaparecerá até que ela perceba que você lhe deu atenção exclusiva, que você a ouviu e entendeu, de verdade, os seus sentimentos e as suas razões.

Naquele momento você tem "autoridade" e "precisa exercê-la"; você terá sempre a última palavra sobre o que deverá ser feito, entretanto, reitero que a pessoa precisa ter certeza absoluta de que você entendeu as suas razões e os seus sentimentos. Portanto, esteja sempre predisposto a acolher a mensagem das pessoas, independentemente da forma como a mensagem tenha sido expressada. Tenha paciência, jamais esboce um sorriso, mantenha-se sério e, com extrema educação, aguarde o momento oportuno para que você faça a abordagem decisiva. Exemplo:

....

"Senhor, agradeço por ter compartilhado comigo a sua indignação. Nem sempre as nossas opiniões são as mesmas, mas procuro sempre entendê-las, pois não sou o dono da verdade".

É fundamental que estejamos predispostos a quebrar paradigmas; se a sua linha de ação tem sido sempre a de discutir com as pessoas, talvez seja este o momento de uma profunda reflexão para uma mudança definitiva. Quando demonstramos através das nossas ações que estamos ouvindo, o inconveniente acaba tendo a sensação de que está sendo compreendido. Talvez as pessoas com comportamento inconveniente não concordem com aquela decisão, entretanto, respeitarão a decisão porque foram tratadas com respeito, ética e dignidade.

Se você ouvir equilibradamente as pessoas, demonstrando calma e serenidade, mas exercendo a sua autoridade, os surtos e as descompensações serão coisas cada vez mais raras. Se a pessoa está apresentando um comportamento inconveniente, em resposta a uma indignação, concentre-se primeiro na indignação, depois no comportamento. Exemplo:

....

"Percebo que o senhor está bastante indignado; gostaria de ouvi-lo, mas preciso da sua ajuda para que eu possa compreendê-lo".

Usando a Diplomacia, você demonstra preocupação com o que ele está sentindo, demonstra que possui Equilíbrio Emocional e demonstra, principalmente, que você tem consciência de que aquele assunto precisa ser discutido.

Agindo assim você faz com que a pessoa inconveniente perceba que você está sendo extremamente educado, mas curto, preciso e conciso; e perceba também que o diálogo será impossível enquanto durar aquele comportamento inconveniente. Não estou falando que é fácil agir assim, nada na vida é fácil, mas é simples; basta treinar. Precisamos treinar, treinar e treinar até a exaustão. Dá muito trabalho, tem muito sofrimento, mas, com o tempo, o resultado é sempre muito bom. Muitas pessoas em razão da educação que tiveram, ou dos valores que receberam, não adquiriram Equilíbrio Emocional, são despreparadas, daí a maneira desequilibrada e imatura de lidar com a indignação, ou seja, surtam e descompensam facilmente diante dos conflitos e problemas do dia a dia. Se algo acontece fora do que foi planejado, a pessoa perde imediatamente o equilíbrio emocional; perde a capacidade de perceber o que está no ar, de enxergar o óbvio, enfim, de discernir.

No nosso caso, bem ou mal fomos instruídos, educados, tivemos uma formação e, por isso, estamos sempre buscando, recebendo e absorvendo as orientações técnicas para amadurecermos. Essa busca incessante é fundamental; se ainda não desenvolvemos maturidade suficiente para lidar com a indignação, é apenas uma questão de tempo, de treinamento; estamos no caminho certo. Precisamos ter sempre em mente que "o pior doente é aquele que considera saúde a sua própria enfermidade", ou seja, devemos reconhecer nossas limitações, nossos erros e falhas para que, através deste reconhecimento, possamos sempre buscar e pedir ajuda.

....

No dia 07 de Abril de 2011, o Brasil e o mundo, estarrecidos, foram surpreendidos com uma trágica notícia; enquanto as crianças estudavam numa escola no bairro de Realengo, subúrbio do Rio de Janeiro, um jovem de 23 anos chamado Wellington, armado com dois revólveres, um calibre. 38 e um calibre. 32, com farta munição, invade sua ex-escola e dispara vários tiros contra crianças inocentes. Como resultado, 12 crianças morreram e várias ficaram feridas. Obviamente, para os parentes e amigos das vítimas existirá para sempre um vácuo que jamais será preenchido, uma dor que nenhum anestésico será capaz de eliminar; fica a sensação de que a vida para eles perdeu a graça.

Acreditamos ser pertinente a abordagem deste tema, pois abordaremos o comportamento inconveniente que algumas crianças apresentam, agravado principalmente pela omissão de muitos adultos. O assunto "Bullyng" é uma preocupação mundial, a origem vem da palavra inglesa "bully" que significa "valentão"; são atos de violência física ou psicológica constantes. A ameaça e a intimidação são repetitivas; são ações agressivas e negativas contra pessoas incapazes de se defender, praticadas por um indivíduo ou grupo de pessoas. O objetivo aqui não é defender, explicar, tampouco justificar essa atitude infeliz, insana e covarde desse "doente" chamado Wellington, mas chamar a atenção de todos para algo que precisa ser discutido e tratado com mais seriedade. A verdade é que todos nós temos a responsabilidade de contribuir, de alguma forma, para uma sociedade menos omissa e preconceituosa. Vocês conhecem aquele chavão que diz **"Faça o que eu mando, mas não faça o que eu faço"**. Quando nós aprendermos a lidar com a nossa própria indignação, com os nossos comportamentos inconvenientes, com os nossos sentimentos feridos com mais coerência, de forma mais equilibrada, aí sim estaremos em condições de ensinar os nossos filhos a lidar com estas questões com mais naturalidade.

Muitas vezes nossos filhos nos imploram ajuda, e, não por dolo ou intenção, mas por culpa, ou seja, sem intenção, sem querer, ou mesmo por ignorância, não somos capazes de ajudá-los. Na maioria dos casos uma simples explicação dos pais seria suficiente, pois a essência é que eles, os filhos, percebam o amor, o carinho e a atenção dos pais com relação àquele assunto.

Como educadores e professores aprendemos que os pais precisam conhecer por inteiro os filhos; parece uma afirmativa descabida, mas é necessário que conheçamos, o seu olhar, os seus lábios, as suas expressões, o fácies, as suas atitudes, enfim, o seu comportamento. Uma criança com raiva, com comportamento inconveniente, indignada, precisa ser ouvida, jamais desprezada; porque em sua mente ainda imatura ela se acha injustiçada, e muitas vezes ela tem toda a razão.

Sabemos que existem escolas muito bem preparadas, com psicólogos e orientadores educacionais com uma boa formação técnica e profissional, entretanto, sabemos também que seria utopia exigir que todas tenham a mesma estrutura educacional.

Uma escola de alto nível preocupa-se não só com o aluno, mas como os pais o educam e o orientam para a vida. Lembro-me que este foi um assunto super bem trabalhado no curso de Gestão de Pessoas, assim, se por omissão, ou mesmo ignorância, os pais e os professores desprezarem e ignorarem aquele comportamento inconveniente, este será interiorizado e acumulativo; acabará assumindo proporções absurdas com riscos incalculáveis, ou seja, haverá um reflexo no comportamento futuro. Percebam que a criança recebe as agressões e aparentemente administra, entretanto não é assim que acontece internamente; a raiva, se não for muito bem trabalhada, vai se acumulando, crescendo e acaba transformando-se em um comportamento super agressivo, podendo inclusive caminhar para uma patologia, levando o jovem as drogas, ao crime, etc. Cada atitude inconveniente da criança é uma oportunidade que os pais têm de educar os seus filhos; é necessário que seja recheada de paciência e tolerância. Com o passar do tempo, na insistência, na persistência, na exaustão do treinamento, a criança vai aprendendo a lidar com aquela situação; verdadeiramente dá muito trabalho; se fosse fácil, todos seriam vitoriosos na educação dos seus filhos.

O bullying é realmente algo terrível; é óbvio que não podemos eliminar as brincadeiras que existem, existiram e sempre vão existir num ambiente escolar. O que precisamos é discernir o limiar entre uma brincadeira aceitável e uma de mau gosto. Ao perceber o bullying, o professor não deve ser omisso; a omissão é uma falha gravíssima e o feedback de compensação tem consequências impre-visíveis. Corrigir o aluno imediatamente é fundamental, principalmente nos casos de violência física; nesses casos a escola deve pronunciar-se e tomar as medidas cabíveis, doa a quem doer, sempre comprometendo os pais ou os responsáveis diretos, pois Bullying só se resolve com o en-volvimento e o comprometimento de todos. Ser amigo do filho é muito fácil, difícil é ser pai/mãe. O amigo é sempre super legal, deixa tudo, concorda com tudo, facilita tudo e tem sempre um "sim" na ponta da língua; o pai/mãe é o que fala "não", o pai/mãe proíbe, castiga quando neces-sário, orienta, educa, enfim, são uns chatos de galocha. É claro que o ideal é que sejamos simultaneamente pai/mãe e amigo, precisamos ser equilibrados, nem oito nem oiten-ta, entretanto, manter o equilíbrio exige muito sacrifício; é fundamental que tenhamos essa consciência.

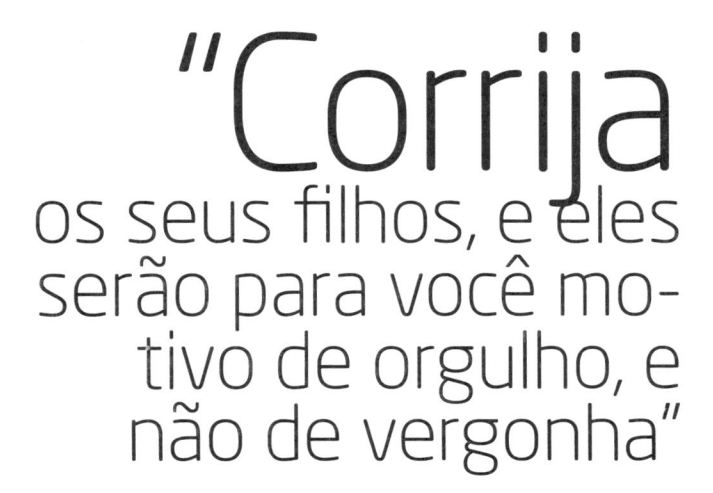

"Corrija os seus filhos, e eles serão para você motivo de orgulho, e não de vergonha"

Provérbios 29, 17

NÍVEL IV - CONTROLE DE CONTATO

Nível IV significa **"atividade de resistência ativa"**, consequentemente, usaremos **"Técnica de mãos livres"**, podendo chegar às **"técnicas de Conecção"**. Trata-se da aplicação de Técnicas de Mão Livres para domínio de determinadas situações (Nível IV). Está enquadrado dentro do Uso Progressivo da Força, pois só deve ser usado quando todas as outras possibilidades forem esgotadas. Haverá obviamente contato físico com o indivíduo predisposto a arrumar problemas; entretanto, nesta fase, devemos priorizar o emprego de Técnicas de Conexão e Técnicas de Condução ("Mãos Livres").

São habilidades técnicas que verdadeiramente podem ser adquiridas num curto espaço de tempo, todavia vale esclarecer que aplicá-las fora da teoria, ou seja, durante uma situação real exige aquisição de Condicionamento Reflexivo, o que não se consegue em alguns dias, durante um simples curso; assim mais uma vez citaremos Aristóteles "somos o que repetidamente fazemos; a excelência, portanto não é um feito, mas um hábito"; são habilidades técnicas profissionais que exigem uma "Condição Reflexa" de alto nível e isso demanda tempo, bastante sacrifício; envolve Vocação, Dedicação Técnica e Constância de Treinamento. Preocupa-nos como praticantes de Artes Marciais o fato de muitos alunos acharem que, as técnicas que aprenderam durante um simples curso, são mais do que suficientes; assim, acreditamos que seja conexo falarmos um pouco mais da afinidade que existe entre a condição intelectual, física, técnica e emocional, pois o Gerenciamento Progressivo de Comportamento Inconveniente exige de todos nós, o desenvolvimento de qualidades físicas e habilidades técnicas.

Um Profissional nos dias de hoje, qualquer que seja a área de atuação, precisa saber gerenciar pessoas que se comportam indevidamente. Acredite, não faltarão pessoas inconvenientes onde quer que nós estejamos. Certamente, nos quatro cantos do mundo, haverá sempre um "chato de galochas" para testar a nossa tolerância; sempre aparecerá um "espírito de porco" num momento impróprio para falar-nos exatamente aquilo que nós não gostaríamos ouvir; existem pessoas assim em qualquer lugar do planeta. Sun Tzu dizia: "Se queres a paz prepara-te para a guerra". Lidar com gente assim é verdadeiramente uma guerra; se não estivermos preparados, nossa chance de perder o equilíbrio aumenta significativamente, portanto, para que consigamos lidar com pessoas que têm atitudes impróprias, ou se comportam de maneira inconveniente, é necessário que estejamos preparados para a guerra. Como dissemos o segredo é "treinamento", desta forma, fundamentados em quatro pilares básicos, precisamos arregaçar as mangas e transformar toda a teoria em ação.

O **primeiro pilar** é o **"Intelectual"**; é necessário que saibamos convencer primeiro no papel, isso vai nos ajudar bastante na verbalização. Estou convencido de que as pessoas que têm habilidade de colocar suas ideias e sugestões no papel de forma clara, precisa e concisa são as que têm o hábito de ler. Sabem posicionar-se quando leem, acionando todas as suas capacidades cognitivas e emocionais para agir mutuamente com os sentidos dali emergentes. Caso tenhamos consciência de uma possível limitação neste sentido, é fundamental que iniciemos imediatamente, um programa de treinamento para reversão deste quadro; obviamente, estamos falando do "hábito de leitura". Pressupondo que só escreve bem quem é leitor, facilmente percebemos que as pessoas mais próximas dos livros, são as que melhor argumentam e também as mais eficientes na verbalização; inevitavelmente, absorvem as técnicas de Gerenciamento Progressivo de Comportamento Inconveniente com mais facilidade e competência. É notório que as pessoas que não têm o hábito de ler, enfrentam mais dificuldade quando precisam verbalizar ou contra argumentar; portanto, devemos desenvolver o hábito da leitura, para adquirirmos "Poder de Convencimento". De uma maneira geral, aqueles que têm essa dificuldade, normalmente são alijados das decisões e, consequentemente, do poder. Mais do que nunca, o mercado necessita de pessoas que, com sabedoria, saibam gerenciar pessoas que se comportam de maneira inconveniente.

O **segundo pilar** é o **"Físico"**; é necessário que estejamos bem fisicamente para que sejamos competentes no GPCI. Se o nosso objetivo é gerenciar pessoas que se comportam de maneira inconveniente, não temos o direito de negligenciar nossa saúde física e mental.

Sun Tzu começa o seu famoso livro "A Arte da Guerra" com a seguinte afirmativa: "A Arte da Guerra é de importância vital para o Estado. É uma questão de vida ou morte, um caminho tanto para a segurança como para a ruína, assim em nenhuma circunstância deve ser negligenciada..." Talvez seja uma colocação exagerada, entretanto, gostaria de parafrasear a afirmativa, da seguinte forma: "A Arte da Atividade Física é de importância vital para o Gerenciamento Progressivo de Comportamento Inconveniente. É uma questão de vida ou morte, um caminho tanto para a aquisição de força de presença, sensação de segurança como para o descredito e insegurança, assim em nenhuma circunstância deve ser negligenciada...". Nosso principal objetivo é conscientiza-los e motiva-los à prática constante da Atividade Física; é fazê-los perceber que ter uma excelente condição física é, e será cada vez mais, uma exigência básica para que você tenha saúde e, consequentemente, mais autocontrole no Gerenciamento Progressivo de Comportamento Inconveniente; e isso só depende de você. Ninguém muda ninguém, as pessoas "se" mudam. Se você estiver satisfeito com a vida que está levando, fique tranquilo, basta continuar fazendo exatamente o que você tem feito. Acredite! Nada vai mudar. Agora, se você não estiver satisfeito com a vida que você está levando, mãos à obra; quem precisa mudar é você. Acreditamos realmente que precisamos, com simplicidade, refletir e compreender:

....
A eterna incompatibilidade entre condição física deficiente e eficiência no gerenciamento progressivo de comportamento inconveniente; ou...

....
Desmotivação e sucesso; ou ainda;

....
A desmotivante condição física deficiente e o sucesso de um eficiente gerenciamento progressivo de comportamento inconveniente.

Para finalizar este assunto, tomando como exemplo os nossos amigos de infância, aqueles que verdadeiramente entenderam a filosofia e, principalmente, deram continuidade ao aprimoramento físico, apesar de todas as dificuldades, demonstram possuir mais autoestima, uma maior capacidade de realizar e, principalmente, são mais proativos; isto é, conseguem fazer com que as coisas de fato aconteçam. Conseguem gerenciar pessoas que se comportam de maneira inconveniente com muito mais eficiência e eficácia. Muitos, infelizmente, não conseguiram renunciar ao vício do cigarro, ao exagero da bebida e, principalmente, não conseguiram dominar a tão famigerada caveira, "A caveira quer descanso", e, consequentemente, caíram no sedentarismo. Como consequência, possuem menos equilíbrio emocional, são intolerantes e o nível de estresse é muito alto.

O **terceiro pilar** é o **"Técnico"**; qualificar-se é plena motivação e consequente sucesso. Devemos buscar o conhecimento técnico incessantemente. Se não tivermos um fator motivacional para irmos ao encontro da técnica, corremos o perigo de ficar estagnados, aguardando que ela caia do céu. Percebam que apenas ter vocação, não é suficiente; vocação é herança genética. Por exemplo, podemos ser netos e filhos dos campeões mundiais de jiu-jitsu e ter muita vocação para este esporte, entretanto, se formos por algum motivo, privados do conhecimento técnico, ou seja, nunca treinamos jiu-jitsu na vida; caso enfrentemos um simples desconhecido, mas que treina jiu-jitsu desde pequeno, ou seja, possui o conhecimento técnico, é obvio que seremos finalizados rapidamente, mesmo tendo vocação. Entretanto, se iniciarmos um programa de treinamento, juntamente com outras pessoas que também nunca treinaram jiu-jitsu, o nosso aprendizado será muito mais rápido e eficiente em razão da herança genética que carregamos. De uma forma simplória, podemos dizer que a vocação é na verdade uma espécie de facilitador do aprendizado. A busca do conhecimento técnico exige que estejamos entusiasmados. Assim, o primeiro passo é entender a importância do entusiasmo para que tenhamos sucesso na busca e no consequente aprendizado técnico. É fundamental que nos conscientizemos rápido que é o entusiasmo que nos conduz a este sucesso, e não o contrário.

O **quarto pilar** é o **"Espiritual"**; sem dúvida o mais importante de todos. É necessário que Deus seja prioridade em nossas vidas. O princípio da sabedoria é o temor a Deus; sem esta consciência fica difícil absorver as injúrias, as agressões verbais, as injustiças, as calúnias, as intrigas, enfim, todos os ataques que sofremos no nosso dia a dia.

É necessário que busquemos intimidade com Deus, é fundamental que estejamos sempre bem próximos dEle, pois, acreditamos que para nós, devido a nossa ignorância, Ele só é grande se estiver bem próximo.

Qual o tamanho de Deus?

Um garoto perguntou ao pai: "Qual o tamanho de Deus?" Então ao olhar para o céu o pai avistou um avião e perguntou ao filho: "Que tamanho tem aquele avião?" O menino disse: "Pequeno, quase não dá para ver." Então o pai o levou a um aeroporto e ao chegar próximo de um avião perguntou: "E agora, qual o tamanho desse?" O menino respondeu: "Nossa pai, esse é enorme!" O pai então disse: "Assim é Deus, o tamanho vai depender da distância que você estiver dele. Quanto mais perto você está dEle, maior será Ele na sua vida!"

NÍVEL V - TÉCNICAS DE SUBMISSÃO

Liberdade, em filosofia designa de uma maneira negativa, a ausência de "submissão", de servidão e de determinação, isto é, ela qualifica a independência do ser humano. De maneira positiva, liberdade é a autonomia e a espontaneidade de um sujeito racional. No nosso caso, as manobras de ataque, de uma maneira genérica, são comumente usadas para preparar o oponente para um ataque de "Submissão".

Percebam que ainda estamos no Nível V, porém, **um pouco mais avançado**. Nesta fase, podemos ir além das Técnicas de Conexão e Técnicas de Condução (Algemas); chegou o momento de usarmos técnicas de combate mais eficientes e eficazes, como: Técnicas de Mão (Te-waza), Técnicas de Chaves de Articulação (Kansetsu-waza), Técnicas de Projeção (Nage-waza), aliadas às Técnicas de Imobilização (Osae-komi-waza), Técnicas de Controle pelo Pescoço – "Mata leão" (Shime-waza) e Técnicas de Chaves de Articulação (Kansetsu-waza). No contexto "Artes Marciais", seria um ataque com potência aceitável, isto é, Força X Velocidade Equilibrada, suficiente para suplantar a resistência do inimigo.

Nível VI significa **"agressiva ameaça física"**, consequentemente, usaremos **"táticas defensivas"**. Significa que o confronto foi inevitável, ou seja, falhamos em todas as estratégias; fomos fracos no "posicionamento superior", falhamos na "diplomacia", não fomos competentes no "uso da 'força da lei' como ameaça", enfim, não fomos competentes inclusive no uso das "Técnicas de Controle de Mãos Livres" e "Técnicas de Submissão"; só nos resta o uso da última estratégia, o "Ataque" com "Técnicas de Traumatização", como uma forma de contra-atacar.

Se chegarmos ao nível VI, a existência de falhas na aplicação dos Níveis de Força e falhas nas Estratégias, é inquestionável. Assim, conscientes dos erros, tomaremos todas as medidas e atitudes preventivas necessárias para que o problema seja administrado.

Nem sempre conseguiremos quebrar a resistência do inimigo sem lutar. Significa que o inimigo partiu para a agressão, isto posto, é plenamente justificada linhas de ação mais enérgicas, contudo, adequadas para inibir de imediato a ação inconveniente ou o ato de hostilidade. Usaremos nesta fase todas as Técnicas de Traumatização Não Letais apropriadas para deter o agressor e submetê-lo. Usaremos técnicas de traumatismos articulares, técnicas de projeção, traumatização, estrangulamentos, imobilizações, etc. Cabe inclusive, neste nível, o uso de armas brancas, se eliminarmos a possibilidade de ataques "em pontos vitais", ou seja, com a "intenção letal". Tendo obtido a submissão usaremos todos os recursos apropriados para manter o controle do indivíduo.

As decisões do tipo: Técnicas que devo usar, onde usar, como usar, em quem usar, quando usar e porque usar, são fundamentais e devem estar bem definidas. É bom que tenhamos sempre em mente que Iniciativa, bom senso e discernimento são características imprescindíveis; sem elas é impossível decidir rápido e corretamente, e este tipo de decisão precisa ser sempre impecável.

Vale ainda enfatizar que não devemos ser surpreendidos; caso sejamos, o confronto será inevitável. O risco da reação deve ser sempre planejado e consciente, dentro do "Uso Proporcional da Força"; todavia, voltamos à afirmativa inicial: "Se formos obrigados a usar Técnicas de Traumatização num Gerenciamento de Comportamento Inconveniente é porque falhamos ou fomos incompetentes; entretanto, se não usarmos, permitindo assim um agravamento da situação com o comprometimento da segurança, merecemos severas críticas e, se estivermos trabalhando como Profissionais de Segurança, demissão por justa causa". Acreditamos que agora tenhamos condições de entender que não existe incoerência na afirmativa em questão.

Em se tratando de profissionais de segurança, "estrategicamente", precisamos ter bem definidos todos os objetivos; "acesso restrito", "cumprimento de normas e diretrizes", "separar uma briga", "impedir uma briga", "expulsar baderneiros", "dominar um drogado", "sensibilizar um agitador", enfim, são inúmeras as hipóteses e para cada uma delas existem linhas de ação bem definidas; técnicas de Artes Marciais que precisam ser treinadas exaustivamente, tais como: "Técnica do Sanduiche", "Técnicas de Condução" e "Algemas", "Técnicas de Imobilização", "Técnicas de Projeção", "Técnicas de Controle pelo Pescoço", "Técnicas de Chaves de Articulação" e até mesmo de "Traumatização", em situações extremas.

É fundamental que estejamos sempre buscando novos conhecimentos e aprimorando as técnicas já aprendidas. Sabemos que o tempo é "implacável", é verdade; contudo, é necessário que saibamos que o tempo também é "soberano"; quando nos empenhamos de verdade, as coisas acontecem.

Nível VII - Força Letal

Ultimo recurso para defesa própria, para proteger nossa incolumidade física, bem como a de terceiros.

"A perfeição do que dá ordens é ser pacífico; do que combate, carecer de cólera; do que quer vencer, não lutar; do que se serve dos homens, pôr-se por embaixo deles"

Lao Tsé

MODELO INTERNACIONAL
Níveis de Força

De acordo com o **Modelo Internacional** são seis os Níveis de Força; a primeira estratégia ou **1º Nível de Força é a Presença Física**, também chamada por Sun Tzu de Posicionamento Superior, com inúmeros outros apelidos: Força de Presença, Sensação de Segurança, Imagem Forte...

Esse estereótipo é, na maioria dos casos o bastante para Abortar ou inibir uma ação criminosa. Existe um ditado muito antigo que diz que "não basta que a mulher de César seja honesta", ou seja, ela tem que parecer honesta; assim, fazendo uma analogia, "não basta que o profissional de segurança seja bom", é necessário que o criminoso ao analisa-lo, ao avalia-lo, perceba imediatamente, tenha certeza absoluta de que ele é bom.

O Leão, Rei dos animais, é um bom exemplo de Presença Física. Ele não é o mais forte tampouco o maior dos animais, mas, tem Força de Presença; quando um elefante olha para o leão, enxerga o predador. Todavia, quando o leão olha para um elefante enxerga muita comida, comida em abundância;

O **2º Nível de Força é a Verbalização**, baseia-se na ampla variedade de Habilidades de Comunicação por parte do Profissional de Segurança, é também chamada de Poder de Convencimento, Poder de Argumentação, Poder de Persuasão, Diplomacia, Fluência Verbal....

O **3º Nível de Força é o Controle de Contato ou Técnicas de Mãos Livres**, baseia-se no emprego de Habilidades de Contato Físico para atingir o Controle da Situação. Se dará quando se esgotarem todas as possibilidades de Verbalização devido ao Agravamento daquela Atitude Inconveniente. Baseia-se no emprego da "Força Suficiente" para "Superar" a "Resistência Ativa do Indivíduo".

O **4º Nível de Força são as Técnicas de Submissão**; existem situações onde as "Estratégias", Presença Física, Verbalização e Controle de Contato não são suficientes para administrarmos determinados "Conflitos e Problemas"; de alguma forma o uso de "Técnicas de Submissão", proporciona mais uma possibilidade de decisão. É necessário nos situarmos sempre neste contexto para que possamos cumprir o nosso dever legal, nossa missão, sem, contudo, provocar danos aos Direitos das Pessoas.

O **5º Nível de Força são as Táticas Defensivas Não Letais**; baseia-se no uso de todos os métodos Não Letais, através de Espargidores de Produtos Químicos, spray de pimenta, gengibre, lacrimogêneo, Chaves de Articulações, Técnicas de Controle pelo Pescoço e uso de Armas Eletromagnéticas e de Impacto Controlado. Se dará na insistência de um Comportamento Mais Agressivo que exija Uso de Níveis Superiores de Resposta.

O **6º Nível é a Força Letal** como último recurso para defesa própria, protegendo nossa incolumidade física, bem como a de terceiros.

Finalizando, não podemos deixar de falar do **Triângulo da Força Letal**, que é um Modelo de Tomada de Decisões para responder a Encontros de Força.

Habilidade é a capacidade Física do suspeito de causar dano ao profissional de segurança ou a outros inocentes.

Oportunidade é o potencial do suspeito em Usar sua Habilidade, qualidades físicas, para matar ou ferir gravemente.

Risco é quando o suspeito toma vantagem de sua Habilidade e Oportunidade para colocar um profissional de segurança ou outra pessoa inocente em um Iminente Perigo Físico.

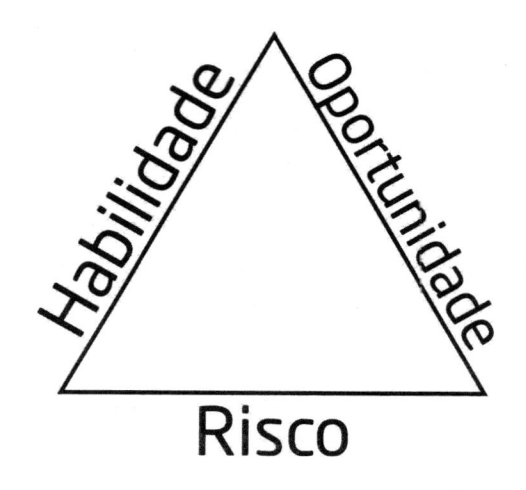

...Não Basta Saber

Tem que correr atrás!

Nada na vida é fácil, tudo na vida é difícil; entretanto, tudo na vida é simples. Lidar com seres humanos é simples; mas não é fácil. A dificuldade está em transformarmos toda essa teoria em ação.

Vejamos, todo o fumante sabe que fumar causa câncer, enfisema pulmonar e impotência sexual; não é verdade? Entretanto, mesmo sabedor de tudo isso, continua fumando. Por quê? A resposta é simples. Porque não quer sofrer ou não gosta de sofrer. E quem gosta? Parar de fumar significa a renúncia de um "prazer", a renúncia de algo gostoso e envolvente, que nos domina por completo, mas, que lá no fundo, nós não aceitamos como "escravidão"; entretanto, todo vício é na verdade uma escravidão. E para nos libertarmos é necessário que tomemos uma decisão. "Basta; vou parar". Perceba a simplicidade; para que o fumante corra menos risco de contrair tais patologias, basta parar de fumar. Percebam; é simples. Contudo, transformar a teoria em ação é o grande desafio, pois sempre haverá sofrimento.

Lao Tsé dizia: "Um homem que vence outro homem é forte, mas o homem que vence a si próprio é poderoso". Parece coisa de maluco, mas, é o sofrimento que, de uma forma ou de outra, nos liberta. Se não pararmos por amor (amor à vida), seremos "finalizados" pela dor (câncer, enfisema pulmonar, etc.), ou seja, morreremos "antes da hora". Não basta sabermos o segredo do sucesso; o fato de sabermos, não significa que teremos sucesso na vida. Não basta sabermos o caminho da vitória, o fato de sabermos, não significa que seremos vitoriosos.

Não basta sabermos que fumar faz mal a saúde, é necessário um "algo mais". Precisamos vencer a caveira e, de alguma forma, transformarmos sempre a teoria em ação. A caveira quer descanso, quer a posição horizontal; se vacilarmos, se não vigiarmos, certamente caminharemos em direção a morte.

Termos consciência desta natureza humana inclinada ao erro, nos ajuda bastante no gerenciamento de pessoas com comportamento inconveniente.

"Pelos erros dos outros o homem sensato corrige os seus".

Oswaldo Cruz

O velho Samurai

Era uma vez um velho samurai que durante as aulas, procurava sempre ensinar "Relações Humanas" aos jovens alunos. Apesar de sua idade avançada, todos o respeitavam, pois havia uma lenda de que ele ainda era capaz de finalizar qualquer adversário.

Certo dia, um lutador, conhecido por sua total falta de caráter, desafiou o velho samurai. Além de mau caráter, era famoso por utilizar técnicas de desequilíbrio emocional. Sempre esperava o momento oportuno, aguardava o "surto" do adversário e, no primeiro movimento, na perda da qualidade comportamental, contra-atacava com uma velocidade fulminante, pois era dotado de qualidades físicas impressionantes. O jovem, vaidoso, arrogante e prepotente lutador, jamais havia perdido uma luta. Conhecendo a reputação do "velho samurai", estava ali para derrotá-lo perante todos, aumentando assim sua fama.

Sem exceção, os alunos do velho samurai se exprimiram contra o desafio, mas, não obtiveram êxito. Todos foram para o local combinado. Imediatamente, o jovem arrogante começou a provocar o velho mestre; xingou, gritou, cuspiu em seu rosto, insultou, ofendendo, inclusive, seus antepassados. Durante muito tempo aquele jovem fez de tudo para desequilibrar o velho samurai; este, porém, permaneceu sereno, mantendo sua qualidade comportamental. Sentindo-se cansado e envergonhado, o tolo lutador acabou *desistindo e partiu.*

Um tanto desapontados e sem entender a reação, aparentemente covarde, do velho mestre, os alunos o questionaram:

- Como o senhor foi capaz de suportar tanta humilhação? Por que não revidou, porque não usou sua espada? Talvez fosse melhor a morte. Ao contrário, mostrou-se medroso diante todos nós. O velho samurai perguntou: - Se alguém lhe trás um presente, e você não aceita, a quem pertence o presente?

- A quem tentou entregá-lo. Responderam simultaneamente.

- Esta é a resposta. Disse o Sábio Mestre; e continuou:

- Vale também para a raiva, para os insultos e também para a inveja. Quando não aceitamos, continuam pertencendo a quem as carrega consigo.

"As pessoas só fazem conosco aquilo que permitimos".

50 CONSELHOS FUNDAMENTAIS PARA O GPCI

01

É fundamental que tenhamos em mente que "exigir que uma pessoa enfurecida mantenha uma linha de raciocínio e aja com equilíbrio não é possível", portanto, no Gerenciamento Progressivo de Comportamento Inconveniente, precisamos ter como único objetivo "reduzir o nível de excitação para que a discussão se torne possível".

02

Sabemos que o "sentimento" é incontrolável; nós não escolhemos o momento de sentir raiva, de ficar alegre ou sorumbático; dependendo das circuntâncias, ficamos, sentimos e pronto. Não é possível controlá-lo, mas, é perfeitamente possível, através de muito treinamento, controlarmos o nosso "comportamento".

03

Diante de uma pessoa enfurecida, precisamos ter muito zelo, cuidado na construção dos nossos argumentos, para que eles não sejam piores do que a nossa boca fechada; é assim que, com muito tato e extrema educação, tendo todo o cuidado do mundo com o que vamos pronunciar, impedimos a produção de hormônios que desestruturam ainda mais a pessoa que se sente injustiçada. Desta forma, gradativamente, vamos reduzindo o nível de excitação, até surgir a possibilidade de diálogo.

04 Nós, Seres Humanos, somos, por natureza, movidos a lutar, fugir ou congelar quando assustados. Quando isso ocorre, as Glândulas Suprarrenais, ou Adrenais liberam uma quantidade enorme de hormônios, que são lançados na nossa corrente sanguínea. Estamos falando da adrenalina e da noradrenalina, também conhecidos como epinefrina e norepinefrina. É como se fosse um estímulo para a raiva ou um acelerador para que nos comportemos de maneira inconveniente.

05 Reiteramos que nós, seres humanos, normalmente, temos pouco ou nenhum controle sobre os nossos "Sentimentos", quando nos deparamos com algo que acreditamos estar errado, ou também, fatos que nos desagradam profundamente.

06 As técnicas de GPCI fogem ao padrão normal; é isso mesmo, é "anormal". É necessário mudarmos essa mentalidade; quebrarmos paradigmas. É fundamental parecermos equilibrados, centrados e calmos, mesmo quando aterrorizados. Portanto, essas técnicas devem ser praticadas, treinamento contínuo, preventivamente, pois serão essenciais e devem tornar-se nossa "Segunda Natureza Comportamental".

07 Mantenha-se calmo e, principalmente, demonstre-se calmo, equilibrado e confiante, mesmo que você não se sinta assim. Relaxe os músculos faciais e olhe confiante. Sua ansiedade pode fazer com que a pessoa com comportamento inconveniente se sinta ameaçada, desconfortável e insegura, e isso poderá gerar um comportamento agressivo. Vale lembrar que comportamento gera comportamento.

08 Fale claro e em bom tom; use um tom de voz "monótono", ou seja, de um único tom; uniforme, sem variação. Nós, seres humanos, quando sentimos medo, normalmente alteramos nossa voz. É uma tendência natural.

09 Esteja treinado, preparado para que nada consiga desequilibrá-lo ou prejudique sua qualidade comportamental. É necessário que você entenda bem; nada pode abalá-lo. Nada, absolutamente nada.

10 Tenha consciência de que a escolha é sua; controlar a situação através da verbalização é uma decisão que só cabe a você. Exercer a autoridade que lhe foi delegada, solicitar apoio, reforço, chamar a polícia ou até mesmo controlar a situação através das técnicas de contenção, submissão, ou mesmo traumatização, é uma opção sua. As consequências, boas ou não, é um resultado conquistado por você.

11 A opção é sua, é você que decide; e, para que seja a sua melhor opção, não se esqueça dos atributos: iniciativa, bom senso e discernimento. Lembre-se: "As pessoas só fazem conosco aquilo que permitimos".

12 Seja sempre extremamente educado, mas exerça autoridade; demonstre sempre respeito, mesmo quando, com firmeza de atitude, estiver definindo limites ou solicitando reforço.

13 Uma pessoa descompensada não entende o que é respeito, está com a sensibilidade à flor da pele e é muito sensível a sentir vergonha. Devemos tratar essas pessoas com o máximo de naturalidade, dignidade e respeito.

14 Não tente se defender, esteja despido de vaidade. Os comentários e os insultos não podem desequilibrá-lo em hipótese alguma. Os exemplos de questionamentos e colocações abaixo, se não forem absorvidos e bem administrados, podem levá-lo a perda do equilíbrio, portanto esteja preparado.

....
"Você sabe quem sou eu?"

....
"Você sabe com quem está falando?"

....
"Quem é você? Você prá mim não é nínguém!"

....
"O que você ganha por mês eu gasto com papel higiênico!".

15 Mantenha a conexão e não perca o foco; o "olho-no-olho" irá ajudá-lo no controle da situação, entretanto, é fundamental que você esteja consciente da sua vulnerabilidade.

16 Sua posição é vulnerável, portanto, mantenha as mãos em posição de negociação, sempre protegendo o rosto; contudo, não demonstre agressividade, preocupe-se em "não transparecer" estar em guarda. Estimule a pessoa a se controlar, a se afastar ou até mesmo a se sentar, mas mantenha-se firme no seu posto, com uma postura impecável.

17 Raiva e agitação preenchem o espaço entre você e a pessoa com comportamento inconveniente, portanto, permita um espaço "estratégico" entre vocês (cerca de quatro vezes a sua distância habitual) ou o mais próximo possível (antecipando a aproximação) para a intervenção física, se houver necessidade.

18 Mantenha-se sempre de frente para a pessoa com atitude inconveniente; nunca fique de costas. Pessoas descompensadas são iguais a uma caixinha de surpresa, tudo é possível; vou reiterar: "tudo é possível". Devemos sempre esperar o melhor, contudo, preparados para o pior. Se o pior não acontecer, é lucro.

19 Firmeza de atitude é fundamental, portanto, mantenha-se inabalável na sua posição. Estabeleça o seu limite com a pessoa com comportamento inconveniente. Adote uma posição decidida, a de um profissional resoluto; se perceber a intenção da pessoa em se afastar para uma possível agressão acompanhe-a estrategicamente, inibindo assim as possibilidades de chutes, socos, etc. Faça um "Estudo de Situação" e, estrategicamente, posicione-se buscando um "Angulo de Sombra" com a pessoa com comportamento inconveniente.

20 Jamais aponte o dedo. É profundamente desagradável quando alguém lhe aponta o dedo; agora imagine apontar o dedo para uma pessoa estressada, descompensada. Só iríamos agravar a situação, dificultando ainda mais as chances de êxito no gerenciamento.

21 Não sorria em hipótese alguma; sorrir nestas circunstâncias é caminhar em direção à morte. Sorrir nestes momentos demonstra ironia, sarcasmo e, para uma pessoa descompensada, num processo de surto, significa a própria "morte".

22 Evite tocar na pessoa estressada, com comportamento inconveniente; perceba que "evitar" é diferente de "não tocar", pois, em determinados casos será inevitável.

23 Devemos manter nossa posição inabalável com um limite estabelecido. Distorções cognitivas levam as pessoas descompensadas a interpretar um contato físico como algo hostil ou ameaçador.

24 Mostre suas mãos livres; estrategicamente, é um aliado "não verbal". Demonstre sua intenção de "não violência", mas, mantenha suas mãos disponíveis para proteger-se. É fundamental que você mantenha suas mãos em "Guarda Alta", entretanto, faça de forma suave e discreta.

25 É necessário que você treine exaustivamente o "falar com as mãos", para que não pareça uma posição agressiva; acredite, não é nada fácil fazer isso, mas é uma estratégia extremamente eficiente e eficaz.

26 No GPCI, muito provavelmente, enfrentaremos momentos críticos; esteja sempre preparado para o pior. Se o pior não acontecer, é lucro.

27 Deixe sempre uma rota de fuga. Quando encurralamos um simples ratinho no canto de uma parede, é necessário que o finalizemos rápido, com atitude e velocidade; se não definirmos imediatamente a situação, ele partirá para o ataque. Ou seja, deixe-o optar pela liberdade, mostre-lhe o caminho da liberdade. Sun Tzu dizia: "O mérito supremo consiste em quebrar a resistência do inimigo sem lutar". Porém, se houver necessidade de intervenção fisica, encurralá-lo será útil para levá-lo mais rapidamente ao solo.

28 Não julgue o comportamento da pessoa inconveniente, tampouco as suas atitudes, apenas oriente-a quanto às opções que ela tem.

29 Faça com que a pessoa enxergue o lado ruim daquela posição inconveniente; é fundamental que a pessoa perceba que aquela postura inconveniente pode levá-la ao encontro da dor e de muito sofrimento. Exemplo: "Senhor, eu não tenho o menor interesse de ir para uma delegacia policial, imagine o senhor: depoimentos, acareações, chá de cadeira, processo criminal; creio que o senhor também não queira, assim, acho que podemos chegar a um acordo".

30 Lembre-se sempre de que você é o "especialista". O gerenciamento é responsabilidade única e exclusivamente sua; portanto, é você que, de forma equilibrada, deve trazer o nível de excitação para baixo, para um nível mais seguro.

31 Use sua inteligência emocional. É bobagem gritar ou tentar falar mais alto que a pessoa descompensada. Tenha paciência, seja tolerante e aguarde o momento oportuno. A pessoa precisará respirar; neste momento fale com calma e em bom tom. Fale de forma clara, precisa e concisa; num volume médio.

32 Seja um diplomata; responda seletivamente, passo a passo, a todas as perguntas informativas, mas, com autoridade. Não importa se a pergunta foi feita com arrogância ou prepotência, apenas responda educadamente, com clareza e em bom tom.

33 É fundamental que tenhamos consciência de que nossa autoridade é limitada, contudo, sempre deve ser exercida; assim, é necessário que tenhamos "Poder de Convencimento". Exemplo:

....
"Senhor, eu o compreendo, mas, necessito da sua ajuda; preciso que o senhor também me compreenda".

....
"Senhor, perdoe-me, mas não é certo que o senhor passe por cima das normas".

....
"Senhor, desculpe-me, estou apenas cumprindo ordens; ajude-me a ajudá-lo."

....
"Senhora, perdoe-me, estou aqui para ajudá-la, tente me compreender."

....
"Senhora, perdoe-me pelo transtorno; peço gentilmente a sua compreensão".

34 A pessoa estressada, de alguma forma, precisa entender os limites e regras a ela impostos. Nosso foco é fazê-la entender esses limites; para isso, é necessário que sejamos competentes, que tenhamos "Poder de Convencimento".

35 "Se queres a paz, prepara-te para a guerra"; a missão não é fácil, mas é nossa; portanto, explique os limites e regras com autoridade, com firmeza de atitude mas, sempre de forma respeitosa. Não se esqueça, nossa autoridade é limitada mas, deve ser exercida.

36 Procure dar opções sempre que possível; chama-se tecnicamente de "Uso da Força da Lei como Ameaça". Por exemplo:

....

"Perdoe-me, mas, o senhor deseja continuar de forma calma ou devemos chamar a polícia para se juntar a nós?".

....

"Senhor, desculpe-me; devemos dialogar ou chamar a polícia?".

....

"Senhor, deixe-me ajudá-lo; não me obrigue a chamar a polícia".

....

"Senhor, estou cumprindo normas e diretrizes; ajude-me, por favor".

37 Use sua inteligência emocional; use empatia, coloque-se no lugar da pessoa inconveniente, assim você saberá o que fazer; o que falar; como falar; enfim, perceba e enfatize os sentimentos. Por exemplo:

....

"Eu entendo que você tem todo o direito de sentir raiva, mas, não é certo que você prejudique pessoas".

....

"Desculpe-me, eu lhe entendo, mas, não é justo me prejudicar".

....

"Senhor, não é justo ameaçar-me, estou apenas cumprindo ordens".

38 Não julgue, não dê sermão, não dê conselhos filosóficos, enfim, este momento não é propício para dilucidar as interpretações da realidade, ou seja, filosofar.

39 Não discuta, tampouco tente convencer uma pessoa enfurecida, com alto nível de estresse. Dê opções de comportamento, obviamente usando toda a sensibilidade e educação para convencê-lo. Por exemplo:

....

"Senhor, perdoe-me, deseja fazer uma pausa para um café?".

....

"Senhor, desculpe-me, posso oferecer-lhe um copo de água?".

40 Mostre à pessoa estressada as consequências de um comportamento impróprio, ou seja, o "feed back" de compensação; entretanto, vale enfatizar que o tom de voz deve ser médio e claro, sem ameaças ou demonstração de raiva.

41 Confie no seu instinto, use o seu sentimento, o seu "feeling". Se você perceber que a "Verbalização" não está surtindo o efeito desejado, lembre-se de que "Segurança é Prevenção", assim, use a "senha" e a "contra senha" definida anteriormente no "Plano de Ação" para receber ajuda no caso de uma provável contenção física. Por exemplo: Chega! Pare Agora!!! ou através do acionamento do rádio, ou com gestos para a cãmera, etc.

42 Devemos sempre buscar um fundamento legal para todas as nossas decisões, atitudes e linhas de ação. Desta forma, conhecer a Lei e as Normas e Diretrizes do ambiente em que atuamos, são fatores fundamentais para que tenhamos respaldo, credibilidade e, principalmente, o apoio da opinião pública.

43 Suavize a configuração de limite tão logo perceba a redução do nível de estresse. Procure usar palavras em vez de ações; se puder optar, opte sempre por palavras, gerenciando progressivamente o comportamento inconveniente.

44 Preste bastante atenção; jamais, em hipótese alguma tente gerenciar uma pessoa descompensada com uma faca ou arma. Acione a polícia imediatamente e tente ganhar tempo. Use todas as técnicas de negociação e, simultaneamente, identifique todos os "meios de fortuna", todos os "recursos disponíveis" ao seu alcance.

45 Da mesma forma, no caso de um grupo de pessoas descompensadas, é bobagem o enfrentamento contundente. Nesses casos, com toda a educação, tente ganhar tempo; faça uma análise e avaliação do grupo, use o "feeling" para identificar o líder. Tente negociar, mas, com todo o cuidado; para não dar a impressão de afrontamento direto. A melhor estratégia é, sem dúvida, fazer o "Uso da Força da Lei como Ameaça".

46 O GPCI deve ser sempre um caminho para a paz. Não podemos permitir que palavras erradas, simplesmente, saiam da nossa boca; podemos por tudo a perder se não tivermos essa consciência.

47 Nossas palavras estabelecem de imediato, uma relação positiva ou negativa. Talvez a arma mais perigosa que carregamos seja uma língua afiada; não é por acaso que essa colocação é bíblica.

48 "Palavras convencem pessoas, mas os exemplos arrastam multidões." É necessário que as nossas atitudes sejam coerentes com as nossas solicitações, pedidos e exigências.

49 É necessário que tenhamos consciência de que somos seres humanos, portanto, com uma natureza inclinada e fadada ao erro. O primeiro degrau a galgar para evoluirmos no gerenciamento com pessoas inconvenientes é reconhecer que, se não vigiarmos, podemos facilmente nos tornar igualmente inconvenientes.

50 Não é fácil, mas é imprescindível que consigamos reconhecer essa natureza humana, ou seja, nossos erros, nossas fraquezas e limitações; assim, conscientes dessa nossa "miséria humana", seremos capazes de iniciar um processo de treinamento, de transformação, de morte do "homem velho" que existe em nós.

Ao Dr. Antônio Roberto, Psicólogo e Psicoterapeuta.

Espero que possa me ajudar.
Como sempre, peguei meu carro e saí pra trabalhar, deixando meu marido em casa vendo televisão. Rodei pouco mais de 1 km quando o motor morreu e o carro parou. Voltei pra casa, para pedir ajuda ao meu marido.

Quando cheguei, nem pude acreditar, ele estava no quarto, com a filha da vizinha!

Eu tenho 32 anos, meu marido 34, e a garota 22. Estamos casados há 10 anos, ele confessou que estavam tendo um caso há 6 meses. Eu o amo muito e estou desesperada. Você pode me ajudar? Antecipadamente, agradeço sua orientação.

Patrícia

Algum tempo depois...

Cara Patrícia,

Quando um carro "para" depois de haver percorrido uma pequena distância, isso pode ocorrer devido a uma série de fatores. Comece por verificar se tem gasolina no tanque. Depois veja se o filtro de gasolina não está entupido.

Verifique também se tem algum problema com a injeção eletrônica. Se nada disso resolver o problema, pode ser que a própria bomba de gasolina esteja com defeito, não proporcionando quantidade ou pressão suficiente nos injetores. A pessoa ideal para ajudá-la seria um mecânico. Você jamais deveria ter retornado para sua casa para chamar seu marido. Ele não é mecânico. Você está errada. Não repita mais isso. Espero ter ajudado.

Dr. Antônio Roberto

Brincadeiras à parte, muitas vezes observamos comportamentos inconvenientes, gerados pelo retorno inopinado de um ou de outro, à "cena do crime"; não estamos falando apenas de traição numa relação conjugal, cenários como este que foi descrito, onde os ânimos estão exaltados, não são raros, e nós, que lidamos com seres humanos, precisamos saber administrá-los. O segredo é tolerância, paciência e empatia. Todo o cuidado é pouco, pois é grande a quantidade de adrenalina que é lançada na corrente sanguínea de quem se sente traído. Usando a sensibilidade procure dar opções de comportamento, precisamos ter como único objetivo "reduzir o nível de excitação para que o diálogo se torne possível. Tudo pode acontecer devido a nossa individualidade biológica, assim, não devemos desprezar as hipóteses de conflitos, tampouco subestimar todas as possibilidades de problemas; projetando-os, devemos adotar medidas e atitudes preventivas para que eles não aconteçam. Tudo é provável e possível de acontecer; é necessário que estejamos bem atentos, focados de verdade. Qualquer deslize da nossa parte pode comprometer toda a segurança e todo o trabalho desenvolvido. Todas as técnicas que foram insistentemente comentadas, devem ser usadas com generosidade nesses casos. Quando lidamos com seres humanos descompensados, envolvidos por questões psicológicas, emocionais e violência de uma maneira geral, é fundamental que estejamos muito bem preparados. Nas nossas abordagens precisamos tomar todo o cuidado com as questões éticas e legais, pois as consequências podem ser desastrosas; portanto, este é o nosso próximo assunto.

ÉTICA E DISCILPLINA E NO GPCI

É IMPRESCINDÍVEL QUE SEJAMOS ÉTICOS E TENHAMOS DISCIPLINA, PARA QUE CONSIGAMOS ÊXITO NOS NOSSOS PROJETOS E SUCESSO AO ESTABELECERMOS METAS; PORTANTO, AÍ VÃO ALGUNS CONSELHOS E DICAS DO LIVRO "SEGURANÇA É PREVENÇÃO". CERTAMENTE AJUDARÃO NO GERENCIAMENTO PROGRESSIVO DE COMPORTAMENTO INCONVENIENTE.

Sabemos que a nossa natureza humana é inclinada ao erro. Até gostaríamos de fazer o que é certo. Entretanto, quando percebemos, estamos fazendo tudo errado, metendo os pés pelas mãos. Talvez, reconhecer o erro, as fraquezas e as limitações, seja o início para melhorarmos nossa conduta social; a partir daí, Deus começa a trabalhar o nosso caráter, a nossa personalidade.

Na sua essência, o ser humano é egoísta, não é verdade? Sabemos que bem lá no fundo as pessoas estão mais interessadas nelas mesmas do que nos outros. Nós estamos mais interessados em nós mesmos que em qualquer outra pessoa no mundo; assim, mais uma vez, se tivermos essa consciência, melhoraremos continuamente;

É necessário reconhecermos que somos egoístas. Somente assim poderemos melhorar nosso relacionamento com as pessoas no nosso ambiente de trabalho, com amigos, e principalmente, com a nossa família. Aliás, se não conseguimos gerenciar os nossos próprios conflitos e as crises que enfrentamos na nossa família, seria muita "cara de pau" querer gerenciar a crise dos outros. Lembre-se sempre que palavras convencem, mas os exemplos arrastam;

Acreditamos que nós, seres humanos, gostamos da filosofia do "me engana que eu gosto". Todos nós gostamos de ouvir elogios, palavras gentis, mesmo que, lá no fundo, a gente saiba que não é bem aquilo. Para conquistar alguém, basta dizer coisas agradáveis, gentis e amáveis, muitas vezes mentirosas. Entretanto, sabemos que um elogio deve ser sincero. Sinceridade é o segundo atributo de um líder. Este comentário é fundamental para que, através do discernimento, consigamos gerenciar de forma progressiva os comportamentos inconvenientes;

É pertinente esclarecermos que devemos elogiar a ação e não a pessoa; assim, evitamos ciumeiras, favoritismos e constrangimentos. É importante não exagerarmos nos elogios. Todas estas observações enriquecem a nossa abordagem, deixando-nos mais preparados em termos estratégicos;

Devemos olhar com atenção para quem está falando. Devemos evitar ouvi-las olhando para outras pessoas ou distraído com outras coisas. Muitas pessoas agem assim, inconscientemente, e só percebem o erro quando algo que deveria ter sido administrado com tranquilidade acaba se transformando na terceira grande guerra mundial;

Estamos carecas de saber que nascemos com uma boca e dois ouvidos, para falarmos menos e ouvirmos mais, entretanto parece que nossa língua não concorda muito com esta afirmativa, não é verdade? Lembre-se, quanto mais nós ouvimos alguém, mais nos tornamos interessante para essa pessoa. Ouvir é uma virtude e, para que sejamos eficientes num gerenciamento de comportamento inconveniente é necessário que desenvolvamos esta virtude através de um treinamento diário;

A verdade é que, na maioria das vezes, nós "nos achamos" e reconhecer essa verdade não é fácil. É preciso crescer, amadurecer, evoluir para que tenhamos coragem para admitir determinadas verdades. Certa vez ouvi que um bom ouvinte permite ao outro escutar a pessoa mais importante do mundo: ela mesma;

Ninguém gosta de ser contrariado; tampouco, não podemos ser intolerantes. Nossa natureza humana não permite que sejamos contrariados, portanto, é necessário que desenvolvamos uma personalidade tolerante. Para gerenciarmos comportamentos inconvenientes é fundamental que tenhamos "paciência de Jó", significa muito treinamento;

O diabo sempre tenta afastar, separar; contudo, Deus sempre une. Portanto, não devemos discutir o que nos afasta, mas sim o que nos une. O ideal é que concordemos com as pessoas. Caso não haja sintonia, devemos tentar extrair deste assunto algo que seja comum. Vocês se lembram daquela propaganda: "Pelo menos temos algo em comum!"?

Sabemos que nem Jesus Cristo conseguiu agradar a todos, portanto seria muita pretensão de nossa parte. Porém, quando somos contrariados, parece que nos esquecemos de muitas verdades, não é mesmo?

Sabemos que a diplomacia é a segunda estratégia em segurança privada. Para que não sejamos antipáticos com as nossas opiniões contrárias, devemos expor as opiniões contrárias de autoridades no assunto, mesmo que achemos que somos a autoridade máxima. Deu pra entender? Vou repetir, "mesmo que achemos que somos a autoridade máxima".

Não se trata de falta de personalidade, mas sim de diplomacia. Devemos sempre evitar discussões desnecessárias. É só perda de tempo e de pontos, o importante é que sejamos diplomatas, que saibamos verbalizar, argumentar e convencer através do Domínio do Conhecimento;

Coloque-se sempre no lugar do outro, do inconveniente. Sabemos que empatia é sentir o que se sentiria caso estivesse no lugar ou circunstância experimentada por outra pessoa, portanto, sabendo o que o outro quer, fica muito mais fácil conquistá-lo. Uma pessoa indignada precisa de alguém capaz de ajudá-la e não fazê-la ficar ainda mais estressada;

É fundamental que sejamos curtos e extremamente educados. Quem deseja sucesso no Gerenciamento Progressivo de Comportamento Inconveniente deve procurar entender com simplicidade esta afirmativa;

Quando éramos crianças assistíamos a um desenho animado que tinha uma "hiena ranzinza", pessimista e infeliz com a vida. Entusiasmo é Deus dentro de nós. É o Espírito Santo de Deus em nós; é ele que nos conduz ao sucesso e não o contrário. Existem pessoas que ficam esperando o sucesso para depois se entusiasmarem; resultado: Jamais se entusiasmarão, pois, como dissemos, é o entusiasmo que nos conduz ao sucesso. Devemos demonstrar que estamos entusiasmados. Ninguém gosta de pessoas do tipo "zero à esquerda", estressadas, angustiadas e de mal com a vida, iguais àquela hiena do desenho animado, vocês se lembram?

Segundo Sun Tzu, Humanidade é o terceiro atributo de um líder. Não devemos querer ser melhores do que ninguém, mas sim buscar ser o melhor para os outros. Quando uma pessoa com comportamento inconveniente estiver gritando, alterada, falando alto, não tente falar simultaneamente, é como jogar lenha na fogueira; ao contrário, deixe-a falar. Quanto mais ela falar melhor, é como se você fosse eliminando o combustível gradativamente, até o fogo apagar. Essas pessoas precisam de alguém que as entendam; que as ouçam e compreendam a sua indignação.

A Surda

Recebemos este texto de um amigo e, como o assunto é pertinente, não poderíamos deixar de incluí-lo.

Um velho telefona ao médico para marcar uma consulta para a sua mulher.

A secretária pergunta:

- Qual o problema de sua esposa?

- Surdez. Não ouve quase nada.

- Então o senhor vai fazer o seguinte, antes de trazê-la, faça um teste para facilitar o diagnóstico do médico. Sem que ela perceba, faça uma pergunta clara e em bom tom. Aproxime-se de sua esposa, gradativamente, fazendo a mesma pergunta até que ela lhe

responda; anote a que distância ela conseguiu ouvi-lo. Quando vier, diga ao médico a que distância o senhor estava quando ela o ouviu. Certo?

- Está certo.

À noite, quando a mulher preparava o jantar, o simpático velhinho decidiu fazer o teste. Mediu a distância que estava em relação à mulher, e pensou:

"Estou a 15 metros de distância. Vai ser agora."

- Minha velha, o que temos para jantar?

Silêncio.

"Agora estou a 10 metros de distância."

- Meu amor! O que temos para jantar?

Silêncio.

"Agora estou a 5 metros de distância."

- Querida! O que temos para jantar?

Silêncio.

Por fim, encosta-se às costas da mulher e volta a perguntar:

- Maria! O que temos para jantar?

- **FRAAAANGOOOO, FRANGO, FRANGO, FRANGO!... É a quarta vez que eu respondo!**

Normalmente, na vida, pensamos que as deficiências são dos outros e não nossas. Gostamos sempre de puxar a sardinha para o nosso lado. É necessário refletirmos antes de julgarmos, pois, a deficiência pode ser nossa. Realmente somos complicadíssimos, assim, é necessário que saibamos reconhecer nossas limitações, nossos erros, nossas fraquezas, enfim, nossas deficiências. Quando estivermos gerenciando o comportamento inconveniente de pessoas, precisamos refletir se aquele comportamento foi provocado pelas nossas atitudes, pela nossa postura, pois, comportamento gera comportamento.

Técnicas de Traumatização

Pontos Vitais

Cabeça e Pescoço

A cabeça por si só é considerada um ponto vital, pois, a calota craniana, formada por vários ossos (frontal, parietais, temporais, occipital) protege o "Encéfalo". O Encéfalo mais a Medula Espinhal formam o Sistema Nervoso Central. Na própria cabeça existem pontos altamente vulneráveis que estudaremos a seguir.

Região Orbitária

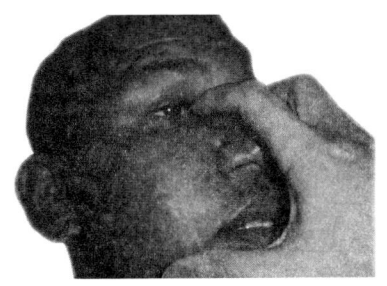

Traumatismos na região dos olhos são sempre preocupantes por motivos óbvios. Dependendo do tipo e potência do traumatismo, teremos desde fraturas das paredes orbitárias até lesões graves como descolamento de retina, perfuração do globo ocular com a perda da visão. A anatomia do forame orbitário, facilita bastante a retirada do globo ocular através de técnicas de artes marciais.

Osso Vômer

É um osso ímpar, forma as porções posteriores e inferiores do sépto nazal.

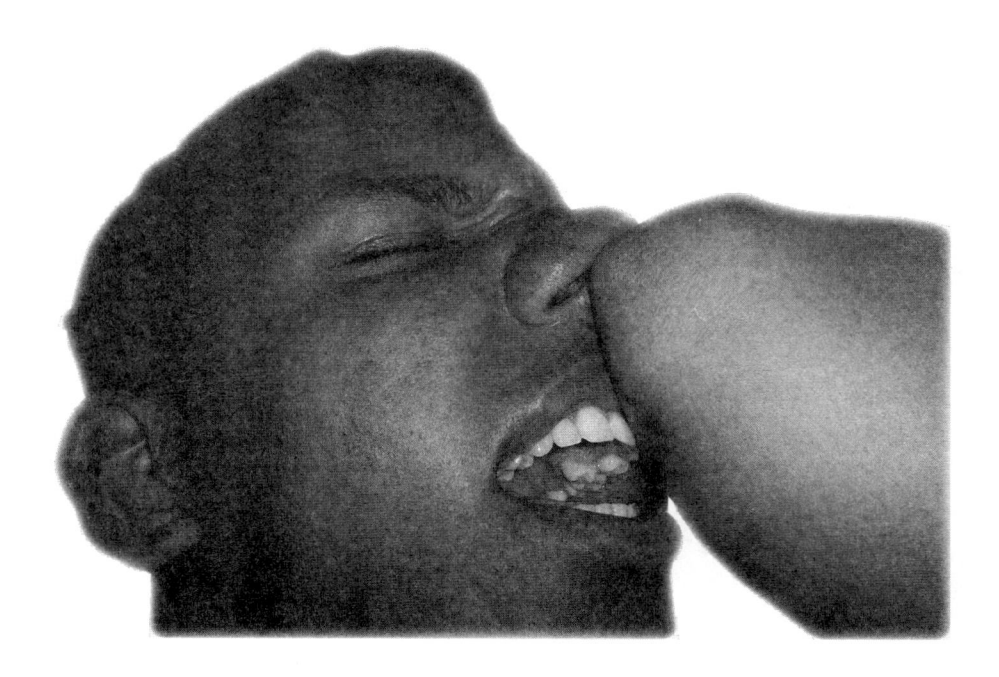

É óbvio que tudo depende da potência do traumatismo. Um traumatismo com grande potência à 45° na base do vômer, teoricamente, devido a sua constituição anatômica, atingiria o hipotálamo com sérias lesões cerebrais, oculares e neurológicas levando o indivíduo à morte por parada cárdio-respiratória.

Ossos Temporais

Os ossos temporais estão localizados próximos ao pavilhão auditivo. Traumatismos na região temporal são potencialmente graves devido aos riscos de lesão do nervo facial e lesões cerebrais associadas, tendo em vista a fragilidade dos ossos temporais. Se compararmos com os outros ossos que compõem a calota craniana, veremos que é sem dúvida o mais frágil.

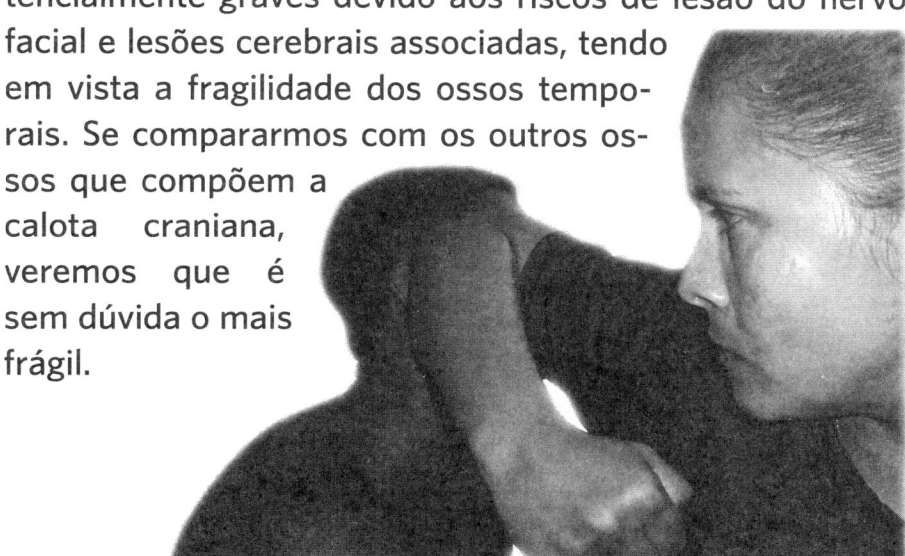

Base do Pavilhão Auditivo

Traumatismos na base do pavilhão auditivo são graves devido as fraturas do canal auditivo externo e lesões das estruturas do ouvido médio, cápsula óptica e estruturas adjacentes, inclusive lesões cerebrais.

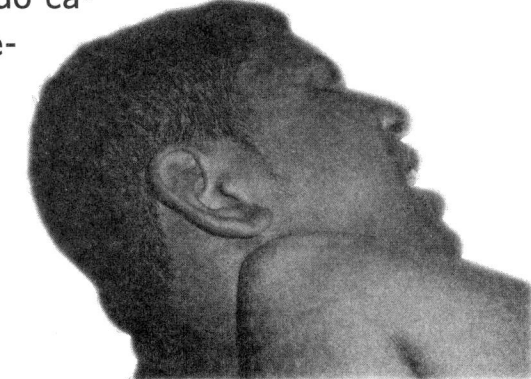

MANDÍBULA

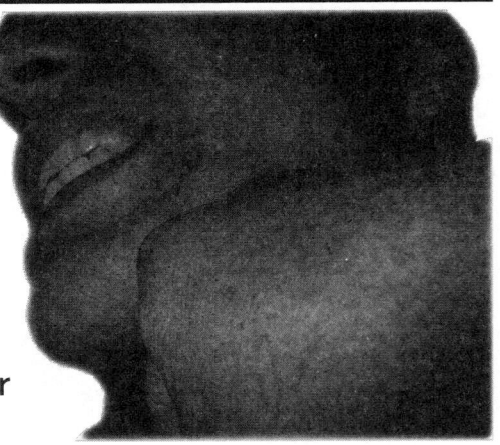

Também conhecida como maxilar inferior, contém a arcada dentária inferior. É um osso ímpar e muito forte; articula-se com os dois ossos temporais (articulação temporomandibular - ATM)

Certamente vocês já ouviram o seguinte comentário: "Foi nocauteado com um gancho de direita na ponta do queixo". Um traumatismo nesta região da mandíbula é perigoso, não em razão da localização, mas devido às consequências; pois neste caso, a mandíbula funciona como uma alavanca, potencializando o soco, fazendo com que a calota craniana gire com muita velocidade. Como o "encéfalo" é solto dentro da calota craniana, este acompanha, com certo atraso, a rotação por inércia; levando o indivíduo à perda dos sentidos por falta de oxigenação cerebral. Obviamente, o comprometimento da região temporal é inevitável, com as consequências já estudadas anteriormente.

CEREBELO

A palavra Cerebelo tem origem no latim e significa "pequeno cérebro". Suas atividades estão relacionadas com o equilíbrio e postura corporal. O cerebelo é responsável pela coordenação das atividades dos músculos esqueléticos, da audição, da visão e do tato. Indivíduos com lesão cerebelar apresentam movimentos descoordenados, fraqueza e hipotrofia, perda do tônus muscular, que é a contração natural do músculo.

Um traumatismo na região cerebelar pode levar principalmente a prejuízos motores. Normalmente os traumatismos levam o indivíduo a uma descoordenação motora, perda de equilíbrio e dificuldade em realizar movimentos rápidos e precisos. É também óbvio que depende da potência do traumatismo, podendo inclusive levá-lo à morte.

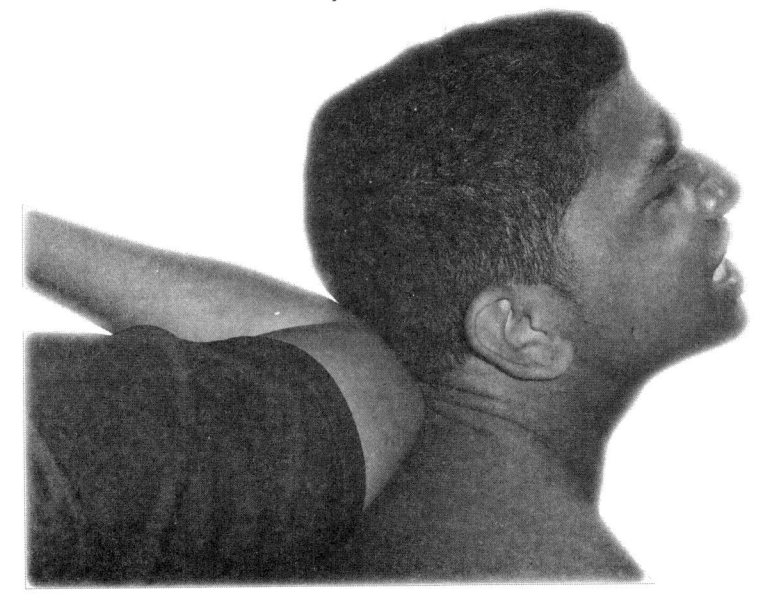

Osso Hióide

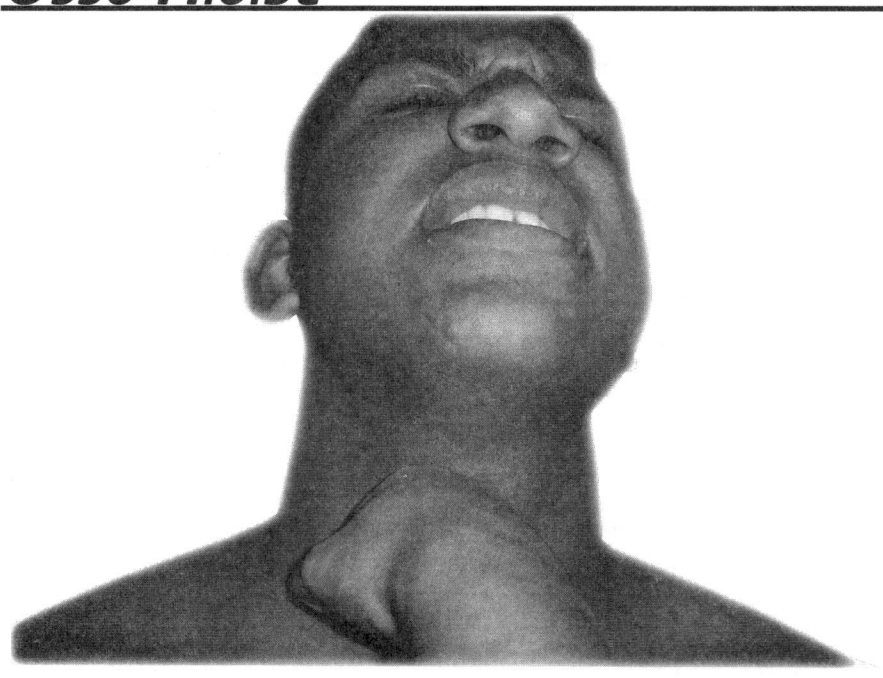

O osso hióide (Os Hyoideum; "osso da língua") fica situado na região anterior do pescoço (laringe), abaixo da mandíbula e à frente da coluna cervical. Não se articula com nenhum osso, é sustentado apenas pelos músculos do pescoço. Tem a forma de uma ferradura, suspenso das extremidades dos processos estilóides dos ossos temporais.

Um traumatismo no osso hióide pode comprometer as vias aéreas superiores. A integridade da laringe é fundamental para o processo respiratório, portanto um trauma nesta região é considerado grave pois pode levar o indivíduo à morte por insuficiência respiratória (Edema de Glote).

CLAVÍCULA

É um osso longo que se articula com o osso esterno (articulação esterno clavicular) e com o osso acrômio, ponta do ombro (articulação acrômio clavicular).

Um traumatismo na clavícula pode romper os ligamentos alterando a relação da clavícula com o esterno e com o acrômio; ou mesmo causar uma fratura. O resultado é uma intensa dor e a impossibilidade de mobilizar o braço, deixando o indivíduo completamente fora de situação, em razão do quadro álgico.

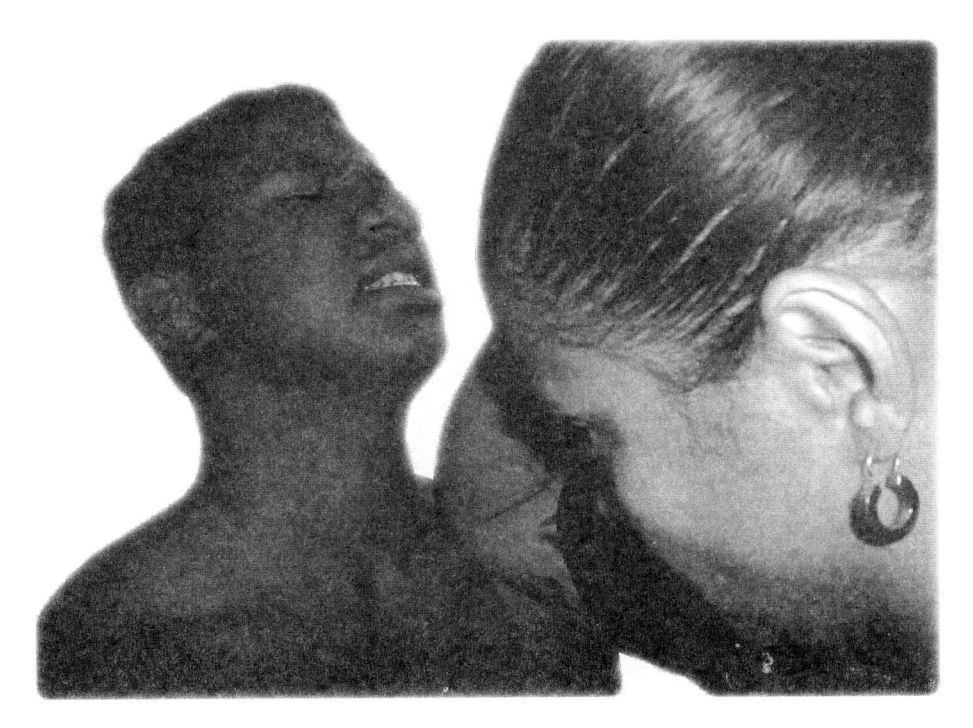

MEDIASTINO

As duas regiões pleuro-pulmonares são divididas pelo mediastino. Abaixo encontramos o diafragma (músculo da respiração). O mediastino estende-se desde o esterno à coluna torácica, próximo a quarta vértebra cervical.

Um traumatismo potente nesta região atinge áreas importantes como o coração, os pulmões e principalmente o diafragma, impedindo a entrada de oxigênio, podendo levar o indivíduo à morte por insuficiência respiratória.

Coluna Vertebral

É formada por 33/34 vértebras que protegem a Medula Espinhal; é subdividida em cinco partes: Coluna Cervical (C1 a C7) , Coluna Torácica (T1 a T12), Coluna Lombar (L1 a L 5), Coluna Sacral (S1 a S5) e Coluna Coccígea (CC1 a CC4/5). A coluna cervical possui sete vértebras cervicais (C1 a C7); a primeira é chamada Atlas e a segunda de Axis. A vértebra atlas fica logo abaixo do crânio, portanto sustenta o crânio; é chamada assim devido ao deus grego Atlas que sustentava o mundo nas suas costas.

Um traumatismo na coluna cervical até a quarta vértebra, pode levar o indivíduo à morte por insuficiência respiratória, pois o nervo frênico, que inerva o diafragma, tem origem nessa região.

Até o início da coluna torácica é bastante perigoso, pois pode levar o indivíduo a "tetraplegia", ou seja, perda dos movimentos dos membros superiores e inferiores. A partir daí o quadro é o de "paraplegia", ou seja, perda dos movimentos dos membros inferiores. Quanto mais alta a lesão, mais perigoso. A medula espinhal se estende da base do cérebro (decussação das pirâmides) até a área entre a parte inferior da primeira ou segunda vértebra lombar; assim, traumatismos em qualquer parte da coluna vertebral pode levar o indivíduo à sequelas.

JOELHO

A articulação do joelho é composta pelos ossos da coxa (fêmur), da perna (tíbia) e patela (rótula). A junção desses ossos depende basicamente dos ligamentos, que são na verdade as estruturas que dão o suporte. As cápsulas articulares e os meniscos garantem a estabilidade da articulação.

Um traumatismo no joelho pode romper os ligamentos alterando a relação do fêmur com a tíbia e patela; ou mesmo causar uma fratura. O resultado é uma intensa dor e a impossibilidade de mobilizar a perna, deixando o indivíduo completamente fora de situação, em razão do quadro álgico.

TORNOZELO

O tornozelo possui uma estrutura composta por três ossos: A tíbia, a fíbula e o tálus. A estabilidade se dá por ligamentos, que são na verdade as estruturas que dão o suporte. O tornozelo é formado por três articulações: A articulação tíbiofibular (tíbia e perôneo), a articulação tálocrural (tíbia, fíbula e tálus) e finalmente, a articulação subtalar (tálus e calcâneo).

Um traumatismo no tornozelo pode romper os ligamentos alterando a relação da tíbia com a fíbula, com o tálus e com o calcâneo; ou mesmo causar uma fratura. O resultado é uma intensa dor e a impossibilidade de mobilizar o pé, deixando o indivíduo completamente fora de situação, em razão do quadro álgico.

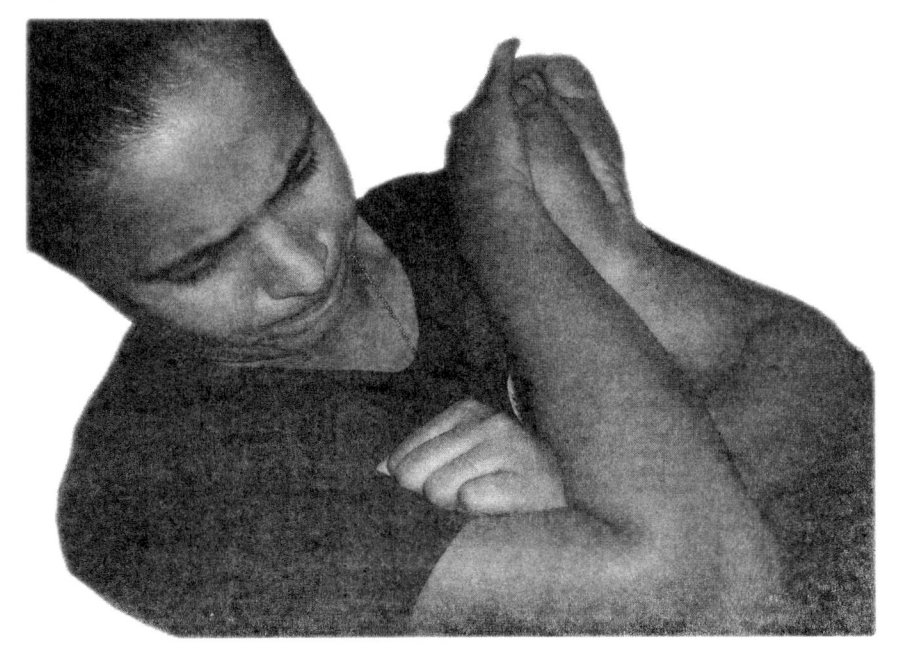

CONSELHOS LEGAIS E ÉTICOS

LEGÍTIMA **DEFESA** É QUANDO, USANDO MODERADAMENTE DOS MEIOS NECESSÁRIOS, REPELIMOS UMA AGRESSÃO INJUSTA, ATUAL OU IMINENTE, A DIREITO SEU OU DE OUTREM, CONTUDO, DEVEMOS TOMAR TODO O CUIDADO DURANTE A APLICAÇÃO DE UMA **TÉCNICA DE SUBMISSÃO**, PARA NÃO PERDERMOS O EQUILÍBRIO EMOCIONAL E ACABARMOS COMETENDO EXCESSOS. MUITAS VEZES ESTAMOS NO CAMINHO CERTO, E UMA PALAVRA MAL COLOCADA, ACABA DESENCADEANDO UM PROCESSO DE "SURTO". NÓS CORREMOS ESTE RISCO; É NECESSÁRIO QUE TENHAMOS ESTA CONSCIÊNCIA PARA NÃO RESPONDERMOS PELO CHAMADO "EXCESSO PUNÍVEL".

Devemos tomar todo o cuidado para não ofendermos a integridade corporal, tampouco a saúde do inconveniente durante a submissão. Muitas vezes, uma intervenção descontrolada, mais enérgica, resulta em Incapacidade para as ocupações habituais, Incapacidade permanente para o trabalho, enfermidade incurável, perda ou inutilização do membro, sentido ou função, e até mesmo deformidade permanente. Não queríamos aquele resultado, nem assumimos o risco de produzi-lo, mas, envolvidos pelas circunstâncias, acabamos comprometidos com aquele resultado. Não justifica, mas corremos o perigo de perder o equilíbrio emocional, impelidos por motivo de relevante valor social ou moral ou sob o domínio de violenta emoção, logo em seguida a injusta provocação da vítima. Nesses casos é fundamental que enfrentemos as consequências do nosso ato impensado e jamais deixemos de prestar imediato socorro à vítima.

"Quem está na chuva..." Vocês se lembram deste ditado? O risco é um fato; não podemos negá-lo. Nossa natureza humana inclinada ao erro precisa ser constantemente corrigida e relembrada de coisas básicas. Por isso reiteramos essa afirmativa tantas vezes ao longo deste livro. Precisamos ter sempre em mente que quando a cabeça não pensa o corpo padece. Entretanto, não somos bobos, conhecemos as excludentes de ilicitude, sabemos que não há crime quando o agente pratica o fato em estado de necessidade; em legítima defesa; em estrito cumprimento de dever legal ou no exercício regular de direito.

"Se ages contra a justiça e eu te deixo agir, então a injustiça é minha"

Mahatma Gandhi

TREINANDO A VERBALIZAÇÃO NO GPCI

01 "O senhor tem toda a razão de estar indignado; mas não permita que a indignação venha prejudicá-lo"

02 "Deixe-me ajudá-lo senhor. Existe a possibilidade de um equivoco das duas partes; caso seja eu o equivocado, peço-lhe perdão"

03 "O senhor tem toda a razão de indignar-se; mas, suas atitudes podem tirar toda a sua razão"

04 "O senhor tem todo o direito de ficar indignado, mas isso não lhe dá o direito de ofender as pessoas"

05 "Permita-me ajudá-lo senhor"

06 "Senhor, perdoe-me por tê-lo contrariado, mas estou dentro da lei, cumprindo ordens"

07 "Senhor, desculpe-me, não é minha intenção causar problemas, mas são normas e diretrizes, apenas preciso cumpri-las"

08 "Senhor, espero que o senhor me ajude a cumprir o que a lei determina"

09 "Senhor, preciso alertá-lo; infelizmente, caso o senhor tome esta decisão, serei obrigado a acionar a polícia"

10 "Senhor, seria bastante desagradável para todos nós, perdermos a noite numa delegacia policial"

11 "Senhor, perdoe-me, mas sua escolha pode levá-lo a um processo criminal; iria nos custar muitas horas com esclarecimentos e depoimentos intermináveis numa delegacia policial"

12 "Senhor, eu não vou impedi-lo de entrar; mas, perceba que as imagens estão sendo gravadas. O resultado é processo criminal e demissão por justa causa; o senhor realmente quer isso? Deixe-me ajudá-lo senhor"

13 "Senhor desculpe-me, terei todo o prazer em ajudá-lo, mas, tenho que atender primeiramente, estas pessoas, já que elas também estão aguardando pacientemente na fila"

14 "Senhor perdoe-me, mas, prometo que quando chegar a sua vez farei de tudo para satisfazê-lo"

15 "Realmente não sei quem o senhor é, mas sei que é capaz de me desculpar por não poder atendê-lo com a urgência que o senhor merece"

16 "Realmente não sei quem o senhor é, mas perdoe-me por não poder atendê-lo com a urgência que o senhor merece"

17 "Realmente não sei quem o senhor é, mas sei que é capaz de entender a situação que eu me encontro; perdoe-me por não poder atendê-lo com a urgência que o senhor merece"

18 "Bom dia senhor, perdoe-me, não quero importuná-lo, mas, posso ajudá-lo?"

19 "Senhor perdoe-me, este local é reservado. Entendo perfeitamente sua preocupação, mas, o seu filho está recebendo todo o apoio"

20 "Senhor perdoe-me, este local é restrito a equipe médica. O seu filho está com os melhores médicos"

21 "Senhor perdoe-me, o ambiente é esterilizado; o senhor precisa preparar-se para não contaminar e prejudicar o seu próprio filho"

22 "Senhor, preciso alertá-lo; caso o senhor tome esta decisão, infelizmente, serei obrigado a acionar a polícia"

23 "Senhor, perdoe-me, seria bastante desagradável para todos nós, perdermos a noite numa delegacia policial"

24 "Senhor, perdoe-me, mas sua escolha pode levá-lo a um processo criminal; iria nos custar muitas horas com esclarecimentos e depoimentos intermináveis numa delegacia policial"

25 "Senhor, perdoe-me, eu não vou impedi-lo de entrar; mas, perceba que as imagens estão sendo gravadas"

26 "Senhor, perdoe-me, caso tome essa atitude, o resultado é processo criminal; é demissão por justa causa, o senhor realmente quer isso?"

27 "Percebo que o senhor é uma pessoa de bem, não permita que uma atitude impensada prejudique-o; deixe-me ajudá-lo senhor"

28 "Senhor; agradeço por ter compartilhado comigo a sua indignação. Nem sempre as nossas opiniões são as mesmas, mas procuro sempre entendê-las, pois não sou o dono da verdade"

29 "Percebo que o senhor está bastante indignado; gostaria de ouvi-lo, mas preciso da sua ajuda para que eu possa compreendê-lo"

30 "Senhor, eu o compreendo, mas, necessito da sua ajuda; perdoe-me, mas preciso que o senhor também me compreenda"

31 "Senhor, perdoe-me, mas não é certo que o senhor passe por cima das normas"

32 "Senhor, perdoe-me, estou apenas cumprindo ordens; deixe-me a ajudá-lo"

33 "Senhora, perdoe-me, estou aqui para ajudá-la, tente me compreender"

34 "Senhora, perdoe-me pelo transtorno; peço gentilmente a sua compreensão"

35 "Eu entendo que você tem todo o direito de sentir raiva, mas não é certo que você prejudique as pessoas"

36 "Desculpe-me senhor, eu lhe entendo, mas, não é justo me prejudicar"

37 "Senhor, não é justo ameaçar-me, estou apenas cumprindo ordens"

38 "Senhor, perdoe-me, deseja fazer uma pausa para um café?"

39 "Senhor, desculpe-me, posso oferecer-lhe um copo de água?"

40 "Senhor, não é justo ofender as pessoas aqui presentes, estou cuidando da segurança de todos"

TÁTICAS DEFENSIVAS

POSTURA E ATITUDE TÉCNICA

A base é fundamental; os pés estarão afastados um pouco mais do que a largura dos ombros, sendo que a perna principal estará naturalmente à retaguarda e estendida. A perna auxiliar estará ligeiramente semi flexionada. A cintura pélvica estará encaixada e o reto, obliquo e transverso do abdomem, estarão contraídos. O tronco estará ligeiramente inclinado para frente e os braços estarão numa altura capaz de defender uma possível agressão no rosto. Vale ressaltar a preocupação de que em momento algum transpareça uma postura agressiva, muito pelo contrário, as mãos devem falar, devem movimentar-se naturalmente no sentido de apaziguar àquela situação.

Todas as vezes que, durante o Gerenciamento, o inconveniente tentar colocar a mão no seu ombro, imediatamente, de forma reflexiva, coloque a sua mão no ombro do inconveniente por dentro, bloqueando qualquer possibilidade de agressão.

ENVELOPAMENTO (TENTATIVA DE TAPA)

TÉCNICA DE CONTENÇÃO* (PADRÃO)

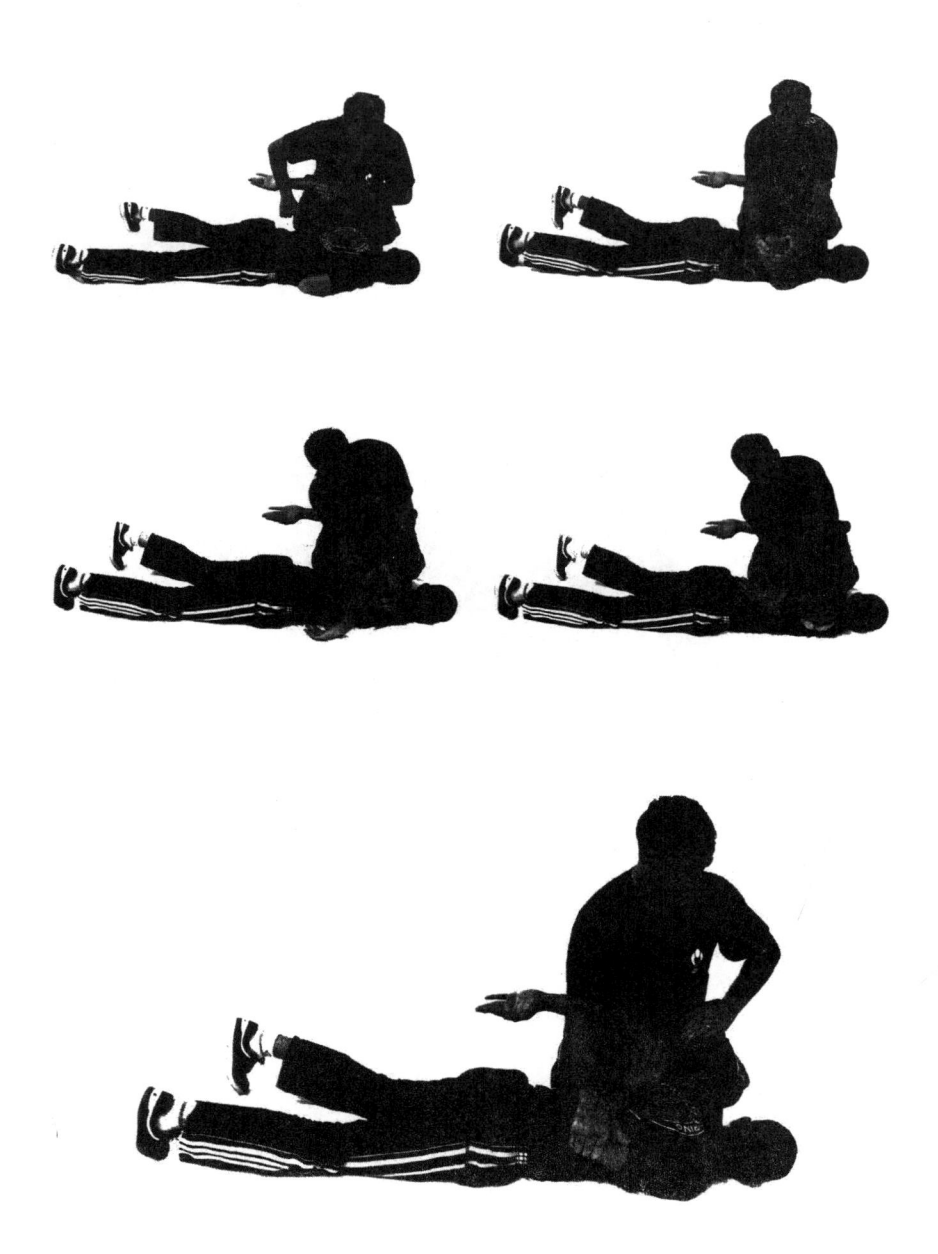

TÉCNICAS DE CONTENÇÃO EM

SITUAÇÕES DE INTIMIDAÇÃO

CHAVE DE PUNHO (MÃO NO PESCOCO 1)

CHAVE DE PUNHO (MÃO NO PESCOCO 2)

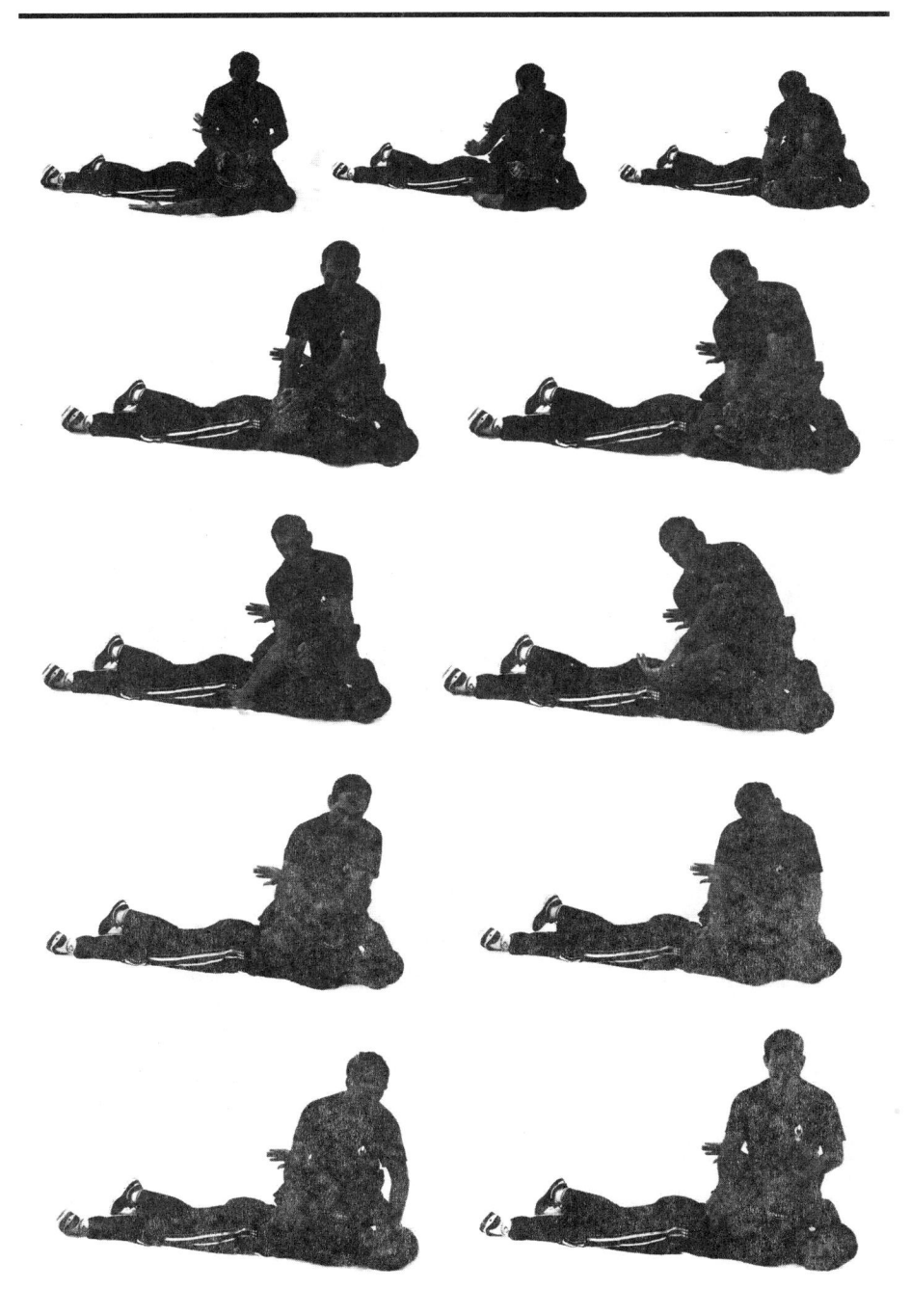

CHAVE DE BRAÇO (SEGURANDO A CAMISA)

CHAVE DE PUNHO (MÃO NO PEITO 1)

CHAVE DE PUNHO (MÃO NO PEITO 02)

CHAVE DE PUNHO (SEGURANDO A CAMISA)

DEFESA DE CHUTE COM CONTROLE PELO PESCOÇO

CONTROLE PELO PESCOÇO 1

CONTROLE PELO PESCOÇO 2

BLOQUEIO DE SOCO COM PROJEÇÃO

TRAUMATIZAÇÃO 1

Traumatização 2

Traumatização 3

TRAUMATIZAÇÃO 4

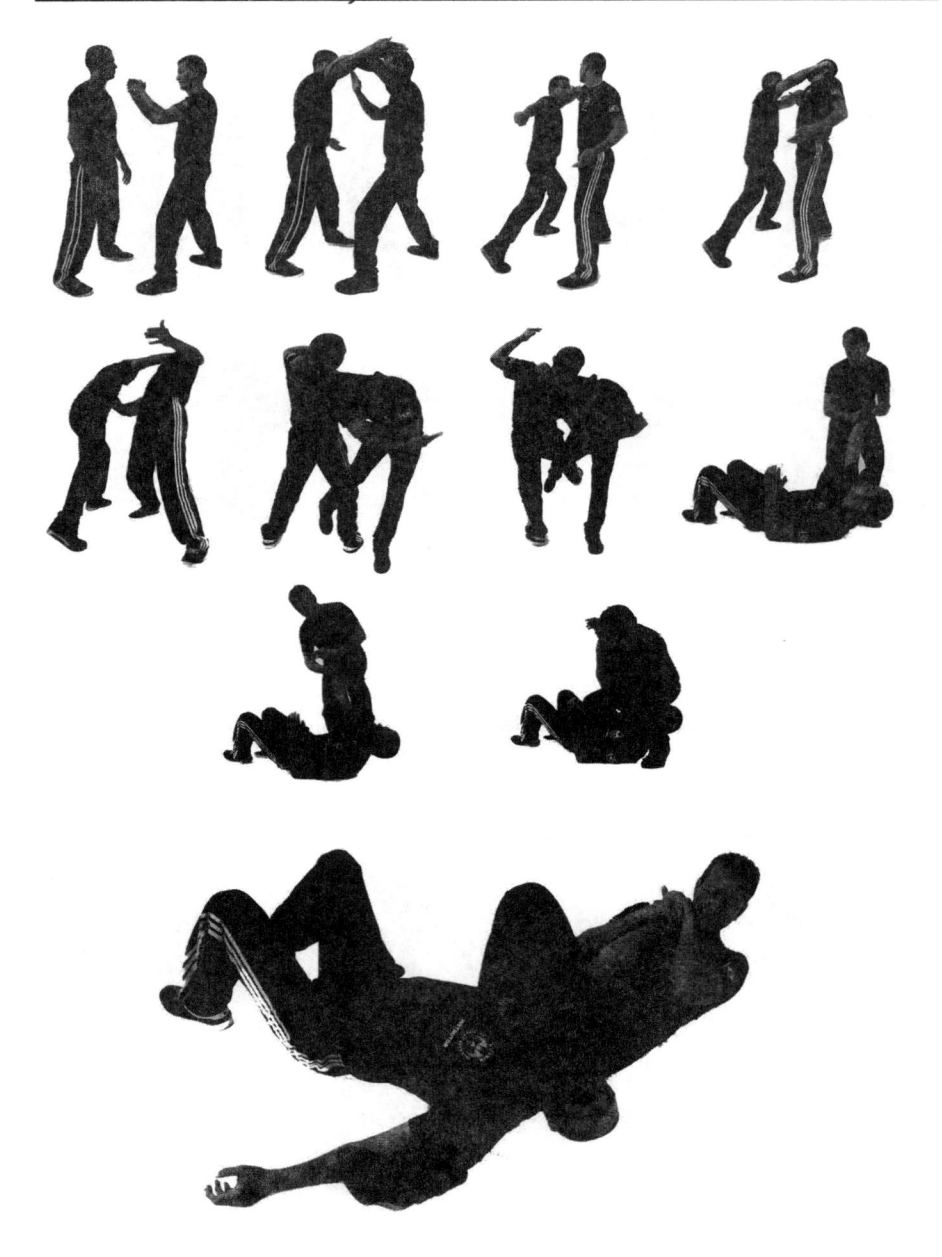

TRAUMATIZAÇÃO 5

TRAUMATIZAÇÃO 6

TRAUMATIZAÇÃO 7

TRAUMATIZAÇÃO 8

TRAUMATIZAÇÃO 10

DEFESA NO CHÃO (LEVANTADA TÉCNICA)

HISTÓRICO

O GPCI foi criado a partir de um questionamento pessoal e profissional. Por toda a minha vida como praticante de Jiu-Jitsu, Instrutor, Professor e Mestre, sempre dei a maior importância a prática da Defesa Pessoal. Aprendi com o GM Álvaro Barreto que o Jiu-Jitsu era dividido em quatro partes: Defesa Pessoal, Golpes Traumáticos (Atemis), Judô e a Luta no Chão. Acredito que qualquer pessoa seja capaz de dominar os fundamentos em todas essas áreas, mesmo que pareçam tão distintas. O Grande Mestre João Alberto Barreto defende que o MMA é o "CLONE" do Jiu-Jitsu, e levando em consideração as quatro partes citadas, ele tem toda a razão! Dessa forma, realmente pode ser considerado como a mais completa Arte Marcial de mãos livres.

A Defesa Pessoal do Jiu-Jitsu Gracie foi considerada pelo GM Hélio Gracie, como seu grande legado. Mesmo que o GM João Alberto discorde e defenda que o maior legado do GM Hélio Gracie tenha sido o Sistema de Ataque e Defesa de Guarda de Pernas, não importa, é uma obra prima, uma Arte Imortal. Na verdade, eu não entro nesse mérito com o propósito de polemizar e sim de reconhecer a genialidade na criação e desenvolvimento de ambos. Afinal, sou um privilegiado entre os milhões de praticantes da Arte Suave!!!

Mas, tenho um compromisso com o Jiu-Jitsu desde que decidi me tornar Instrutor: Estudar e desenvolver para poder passar adiante os conhecimentos técnicos e filosóficos, preservando a Cultura que me foi passada através da priorização dos fundamentos. Assim sendo, na busca pela excelência, tive a sorte de ter as referências e a influência dos Grandes Mestres: João Alberto, Álvaro Barreto e do meu pai e mentor, Flávio Behring. Sem poder deixar de citar a influência do meu saudoso irmão Marcelo Behring, a quem devo a determinação e empenho nos treinos, pois só assim conseguia fazer frente a ele no tatame e em casa. Era um desafio quase que diário manter o respeito por eu ser dois anos mais velho, mas, aos dezoito anos de idade, o Marcelo já era o meu maior incentivador. Obrigado, meu irmão e que Deus te abençoe sempre.

Na academia do GM João Alberto eu aprendi os fundamentos e com dez anos de idade eu fiz uma demonstração de Defesa Pessoal para o Fantástico (programa da Rede Globo). Com meu pai, sempre treinamos a DP com o máximo de realismo e intensidade, buscando a aplicabilidade das técnicas. Mas, foi observando as aulas particulares do GM Álvaro, que surgiu a ideia do Sistema Progressivo de Jiu-Jitsu. Ele fazia sempre um aquecimento com educativos de luta, combinando movimentos de Guarda de Pernas com Defesa Pessoal e conseguia adequar a intensidade, velocidade, força e qualidade de resposta dos alunos de uma forma simples e extremamente eficiente. Era o agressor perfeito, estimulando respostas através de ataques "interpretados" com extremo realismo, porém, sempre proporcionando o sucesso na execução por parte do aluno. Percebi que essa metodologia acelerava o processo de aprendizado e desenvolvimento, portanto, deveria ser possível utilizá-la nas aulas coletivas. Afinal, se todos os alunos pudessem compartilhar dessa qualidade de treinamento... Para que isso fosse possível, todos deveriam desenvolver a capacidade de estimular respostas através de uma sequência progressiva simples e coerente. E foi feito! Hoje são milhares de alunos e quase uma centena de Instrutores sob o Sistema Progressivo, além daqueles que tiveram a oportunidade de conhecer, aprender e treinar, porém, não têm vínculo direto nem comprometimento com o Sistema ou o Behring JJ.

A Defesa Pessoal tornou-se currículo obrigatório e o treinamento continuou focado na velocidade e qualidade de reação e agressão. A precisão e aplicabilidade sempre foram prioridades e continuamos no mercado como referência como Escola de Jiu-Jitsu completa.

Sistematizar os exercícios de "gangorra" a partir do exemplo do GM Álvaro, foi o passo seguinte. Coloquei em pratica nos tatames como um laboratório, e o aproveitamento, tanto do ensino como no aprendizado foi espetacular! Ficou fácil estabelecer critérios para avaliação tanto dos alunos como dos Instrutores.

Difundi o SPJJ para o Rio Grande do Sul, Santa Catarina, Paraná, Canadá (Toronto, Edmonton e Winnipeg) e Estados Unidos da América (Utah, Washington, Montana, Nebraska, Texas, Colorado e Porto Rico) São dezenas de faixas pretas espalhados pelas três AMERICAS!

Tornei-me referência na Defesa Pessoal do Jiu-Jitsu e reconhecido pelo trabalho com o Sistema Progressivo, pela sua facilidade na aplicação e no aprendizado, além dos excelentes resultados dos alunos em competição: Marcio Corleta, Fabricio Werdum, Mario Reis, Rosangela "Zanza" Conceição, Danilo Rodacki, Douglas Silva, Justin Bruckman, Marco Costa, Richard Nancoo, Antonio Carvalho, Peter Iacavazzi, Brandon Olsen, Sean Peters, Sean Dennings, Mike Yaculick, Seiji Sujimangos, Matt McDonald, Ashlyn Kanawaty, entre outros.

Afinal de contas, eu precisava provar que dava para ensinar o JJ completo e ainda ter excelentes resultados competitivos.

Milhares de professores e atletas encontram inúmeras justificativas para não praticar ou ensinar a Defesa Pessoal, e, a mais comum, é que interfere no tempo de aula e consequentemente, no treino para competições. Tenho certeza de que, os que continuam ensinando DP, são os verdadeiros preservadores do JJ que os GM Carlos e Hélio Gracie desenvolveram, junto com seus irmãos.

O GPCI tem uma história que começa na época em que o Sensei Arrigoni (Comissário de Bordo e faixa preta de Karatê e Judô) e o Professor Vinicius Silveira (Comandante e faixa preta de Jiu-Jitsu, formado por mim) colocaram na VARIG um Método de Treinamento para Tripulantes (Sistema e Contenção a Bordo de Aeronaves Comerciais), que se tornou obrigatório após o 11/09/2001. Esse Método foi criado para atender essa necessidade dentro do Curso de Gerenciamento de Comportamentos Inconvenientes da VARIG e tinha duas abordagens: Para o passageiro inconveniente e outra para situações de tentativa de sequestro.

O Curso tinha aulas com Psicólogos e especialistas em Gerenciamento de Crise, extremamente interessante e eu tive a honra de ser convidado para fazer uma avaliação, sugeri algumas adaptações (pouca coisa, pois eles foram muito felizes na elaboração das técnicas e na metodologia de treinamento) e durante um tempo participei do grupo de Instrutores.

No Canadá tive a oportunidade em ter como alunos, diversos policiais de vários setores (ETF que é a Swat deles, Detetives, Oficiais de Ronda, etc.) e, graças a Deus, meus representantes sempre foram fiéis aos meus princípios de preservação da Cultura e seguiram a minha linha de trabalho com uma Defesa Pessoal apurada, Golpes Traumáticos (Atemis), Judô e Luta no Chão.

A maioria das academias no Canadá (Shah Franco, Don Ritter, Angelo Panoussis, Paulo Cardoso, Brian Marett,

Patrick Barton, Jason Bilodeau, Chris Bonde, Mike Yaculick e toda a Equipe da Arashi Do Martial Arts) que se afiliaram ao Sistema Progressivo, foram de Karatê! Senseis conservadores cederam ao JJ, pois, meu principal representante e, hoje, meu sócio, Professor Shihan Shah Franco é um dos mais talentosos lutadores e Instrutores de Karatê que conheci em toda a minha vida, portanto, foi um facilitador nesse processo.

Iniciei a propagação do Sistema Progressivo fora do RJ em 1996. Em 2005 foi fundada a Franco Behring Jiu-Jitsu Alliance of Canadá. Nesse meio tempo, treinei diversos expoentes de Valetudo (MMA) como: Fabricio Werdum, Mirco Crocop, Anderson Silva, Rafael Feijao, Ronaldo Jacaré, entre diversos outros grandes lutadores, sempre usando os fundamentos do SPJJ.

Quando assumi a vice-presidência da FJJDRIO (Federação de Jiu-Jitsu Desportivo do Estado do Rio de Janeiro), convidado pelo Presidente Rogerio Gavazza, tive a oportunidade de participar do grupo de Mestres que ministrou o I Curso de Qualificação Profissional, visando preparar e certificar Instrutores para atender ao mercado Escolar que se abria após a conquista da participação pela FJJDRIO nos Jogos Inter Colegiais / O Globo em 2009.

Minha função foi ministrar um curso básico de Defesa Pessoal, e confesso que estava muito preocupado em quais técnicas e movimentos que poderiam ser aplicados de forma errada, tanto técnica quanto eticamente, causando assim, uma inversão dos valores essenciais da Auto Defesa. Aproveitando os princípios de "Conexão" que aprendi em dois seminários do Mestre Rickson Gracie e pesquisando um pouco sobre a Legislação, preparei um curso com abordagem diferenciada. Priorizei a abordagem com tolerância e autoridade, com um posicionamento firme e sem demonstrar qualquer agressividade, porém, sem passividade, preservando os fundamentos de conexão com uma verbalização extremamente educada.

O Curso foi um sucesso e a partir desse dia, posso afirmar que foi criado o Gerenciamento Progressivo de Comportamento Inconveniente!!!

O Presidente Rogerio Gavazza comentou sobre a proposta inovadora como seu irmão Alexandre, que tinha sido formado Vigilante na Forbin, uma empresa padrão e a melhor Escola de formação nessa área. Fizemos um projeto para atender aos alunos formados com o GPCI como curso de especialização, para ser ministrado em academias de Jiu-Jitsu.

Na verdade, ainda tínhamos a Defesa Pessoal como "carro-chefe" e tudo não passava de uma boa ideia. Bastou uma visita a Forbin, assistir a uma cerimônia de Formatura e uma Aula Inaugural do Helder para entender que estávamos diante de uma Escola séria.

Após a aula tivemos uma reunião e nosso projeto foi recusado, com a maior diplomacia. Porém, o conceito do

GPCI e as técnicas de abordagem e conexão estavam exatamente encaixados com a Filosofia da Forbin (diga-se: Helder Andrade). Tivemos outros encontros até encontrarmos um meio de tornarmos esse GPCI possível. Finalmente ficou decidido (numa atitude audaz do Helder) que o curso seria dado aos Instrutores da Forbin para avaliação. Após alguns meses, GPCI tornou-se parte integrante do curso como Especialização, Certificado emitido pela Federação de Jiu-Jitsu Desportivo do Rio de Janeiro, assinado pela da Behring Jiu-Jitsu e protocolado pela Forbin na Polícia Federal. Devido ao desafio que aceitamos em implementar uma ideia tão inovadora quanto necessária e pelo fato do Helder já ter escrito outros tantos livros, resolvemos colocar esse Curso de Gerenciamento Progressivo de Comportamento Inconveniente para perpetuar essa iniciativa. Tomarei a liberdade de me expressar na primeira pessoa e dizer que espero que vocês leiam com a mente e coração abertos, para que essa "reprogramação comportamental" exerça tanta influência em vocês quanto tem feito conosco e milhares de alunos formados desde o início do GPCI na Forbin.

Obrigado Senhor, por nos dar essa oportunidade!
BRASIL, ACIMA DE TUDO!

OSS.

Impressão e acabamento
Gráfica da Editora Ciência Moderna Ltda.
Tel: (21) 2201-6662